50代 後悔しない働き方

「勝ち逃げできない世代」の新常識

大塚　寿

青春新書
INTELLIGENCE

「勝ち逃げできない第一世代」である50代。
しかし〝40代の延長〟で頑張ると、
後悔が待っています。

……では、どうすればいいのでしょう？

はじめに

「年金だけでは夫婦で2000万円が不足する」

という「2000万円問題」が物議を醸《かも》しました。

しかし、

「都市部で暮らすなら、2000万どころじゃないのでは？」

と、誰もが感じているのではないでしょうか。


65歳以上は、何だかんだ言って「逃げ切り世代」です。

私たち50代は違います。

お金だけでなく、スキル、人脈など含めて、

「これまでの貯金で逃げ切りたいけど、残念ながら難しそうだ」

と、気づいてしまいました。

◆「シフトチェンジ」のすすめ

ほとんどの企業や組織では、50代で年収が最大化します。

当然、待遇に見合った成果を求められます。

組織やチーム全体のパフォーマンス向上、マネジメント、後進の育成、技術の継承といった役割責任も最大化します。

さらに、役職定年・早期退職、親の介護、自身の健康……といった、40代には他人事だったテーマが立ちはだかります。


仕事では役職定年を控え、まさに「後がない」のです。

定年が65歳に延びる企業が多いとはいっても、60歳になった時点で新入社員レベルの条件での再雇用になるケースがほとんどです。

サラリーマン人生が事実上「試合終了」に向かう10年間なのです。

体力も気力も、放っておくと落ちてきますが、置かれた状況がなかなか「ギアダウン」を許してくれないわけです。


50代は、40代の延長ではありません。

〝50代モード〟にシフトチェンジする必要があります。

◆「1万人インタビュー」で聴いたリアルな叫び

リクルートの営業マン時代、なんとかよりよい未来にしようと、社内外の大手～中小企業の経営者や管理職の諸先輩にアドバイスを求め始めました。

独立してから今までに、講師を務める研修のセッションや取材でアドバイスを頂いた方は、1万人を超えました。

その「1万人インタビュー」でもっとも大きかったのは、

「50歳になったときに、『意識』を変えるべきだった。

『もういいや』はもちろん、『まだまだ頑張るぞ』だけでは危ない。

『自分が存在した証として、55歳の役職定年、60歳の定年までに会社に何を残したいのか』という意識を持って、仕事のしかたを変えておけばよかった……」

という声でした。

- 「○○事業を立ち上げた」
- 「○○工場の◎◎ラインを稼働させた」
- 「○○制を導入した」

・「○○業務をマニュアル化した」
・「○○という技術を完成させ、後進への継承も果たした」
・「○○を収束させた」
……「何を残すか」について、諸先輩が挙げたのは、このようなものでした。

◆折り返し点にすぎない

ここ数年、図書館、公共施設、ショッピングモールのベンチで、一人で座っているシニアを見かけませんか？

とくに目的なく長時間座っている理由のトップ3は、
・やることがないから
・家に居場所がないから
・ルーティンが欲しいから
だそうです。「お金のかからない暇つぶし」だとしたら、少々気の毒な気がします。

親世代と違い、私たちはこれから「人生100年時代」を生きていきます。

50歳は、折り返し点にすぎません（『還暦からの底力』で出口治明さんは「60歳が折り返し」と説いています)。

「50代を卒業し、65歳を過ぎたとき、「余生」のニュアンスで言われる「セカンド・ライフ」ではなく、**責任やしがらみから解放されるからこそ可能な、リアルに自分が望む生き方(「リアル・ライフ」)を選択できるようになっていてほしい。**

50代で始めれば、まだまだ間に合う」

……これが「1万人インタビュー」に答えてくれた諸先輩のメッセージなのです。

◆リアルな情報と「年収3倍」の開き

世間でよく言われる「一般論」があります。

「転職は3回まで」

「年金は、夫婦で月24万円くらいが普通」

「60歳を過ぎたら、年収300万円前後が普通」

……数字が入っているので、つい信じたくなります。

しかし、これらはあくまでも一般論です。そのまま飲み込むのは危険です。

同じような経験、スキルでも、年収に3倍もの開きが出ているケースを、私はこれでもかというほど見聞きしてきました。

社内で〝先頭グループ〟というわけではなかった人が、60代になってみたらちゃっかり中小企業の役員に名を連ねていたり、仕事が途切れずに活躍していたり、お店を始めてそこそこうまくやっていたりという例は、たくさんあります。

真面目にコツコツやってきたのに会社を離れたあと苦労している人も、多くいます。

この差は、「後悔しないための方法」を、50代で知っていたか否かです。世間では一般論がどうしても前に出てくるので、リアルな情報があまり知られていないのです。

たとえば、50代〜60代の転職や再就職のさいの「職務経歴書」は、

①A4で1〜2枚。先方に負担にならないように端的に

②ボリュームは多くてもいいから詳細に

どちらが良い結果を出していると思いますか？

知人のプロフェッショナルによると、②です。①は、もっと若い人向きのやり方です（96ページ）。

気遣いが逆効果になって後悔するといった残念な事態を避けるために、この本ではリアルな情報を盛り込みました。これを50代で知っておけば、50代を卒業した後も、社会で活

躍し、「不安」や「暇つぶし」とは別の、楽しくワクワクした生活を送れるのです。

あわせて、**「年金＋年間300万円の収入を得る」**という生き方を提案しています。（もちろん、「不動産投資しましょう」といった投資本ではありません）。

年金以外に月25万円、自由にできるお金があったら何をしたいか、想像してみてください。ワクワクしませんか？

旅行三昧、ゴルフ三昧とまではいかないかもしれませんが、それに近いことができるでしょう。**2000万円問題に怯えることもありません。**

本文では、リアルな情報と、50代以降をうまく展開させている方々の実例をたくさん紹介しています。「このくらいなら自分でもできそうだ」、「実践してよかった」、「効果があった」という感想を頂いたものを厳選しました。

ご自身の価値観や考え方に合うものや、共感できる方法を取捨選択し、あるいはアレンジを加えて、ぜひ「後悔しない50代」を、そしてその先の楽しく充実した日々を手にして頂きたいと思います。

大塚　寿

目次

1章《予習篇》50代を後悔している12の理由

2章《座学篇》「12の後悔」を防げる4つの心構え

3章《準備篇》50代で始めておくべき9つのウォームアップ

5章《ケーススタディ篇》後悔していない諸先輩に学ぶ

6章《展望篇》失敗を防げる「60〜64歳の試行錯誤」

1章　《予習篇》50代を後悔している12の理由

50代を後悔している人たちは、どんな
「もっと〜〜すればよかった」

「あれはやめておけばよかった」

という思いを抱えているのでしょうか。

「1万人インタビュー」で頂いた様々なメッセージは、大きく「12」に分けることができます。

その後悔の大きさから「12の後悔ランキング」として、ご紹介します。

50代を後悔している理由 12位

守備範囲が狭すぎた

これは、「役職定年以降、あるいは60歳定年以降の活路を中小企業やベンチャー企業に求めようとする場合」というのが前提の話です。

そうした人材を雇う側にとって、ずっとネックになっているのは、とくに大企業出身者の守備範囲の狭さです。

たとえば、人事を含めた総務全体を任せたいのに、「実はファシリティー関連しかできません」では選んでもらえないのです。

そうならないためには、専門の両サイドにある業際的な業務を、準専門レベルまで引き上げる勉強や経験を積んでおかなければなりません。そのことに役職定年後に気づいても、厳しいようですが、遅すぎるのです。

50代を後悔している理由 11位

「年金は夫婦で月24万円」など、一般論を信じ込んでいた

私たちは、

「年金は夫婦で月額24万円ぐらい」

「60歳からの再雇用は、時給1200円程度が普通」

「60歳以上の再就職は、年収300万円に満たないのが普通。高望みは厳禁」

という一般論を信じてしまいがちですが、これらはあくまで平均的な話です。

当たり前のことですが、市場価値というのは相対的なものです。希少性までいかなくても、採用ニーズさえあれば、何歳になろうが時給1200円とか年収200万円台とは比較にならない金額で、新たな職を得ることができます。

具体的には、**技術者、設備系、施工系、製造系、生産管理系人材**、あるいは**ドライバー**は不足しているので市場価値は高いです。方法さえ知っていれば、年収300万円レベルではない再就職が可能になります。

一方、事務方は**貿易実務や財務、経理、総務、人事**といった明確な専門性の有無によって明暗が分かれます。

微妙なのは**営業系**です。特定の海外に精通していたり、国内でも事業経営、営業戦略の立案までできる人材は別として、プレーヤーとしてとなると、新規開拓で億単位の売上増に貢献できそうなスキルや人脈でもない限り、「年収300万円レベルではない再就職」は難しいのが現実です。

50代を後悔している理由 10位

自分の可能性を過小評価していた

多くの方が、

「『自分はどうやらこの辺りまでだな。50過ぎたし、今更スキルアップや人脈拡大のために必死に頑張らなくてもいいや』と、限界を勝手に決めていた」

と、後悔しているのです。

組織の中で思うように出世できなかった人は「無力感」というものを学習しています。そのため「これまでだって大して報われなかったんだから、50過ぎた今から必死に頑張ったところで、自分には大したことできないだろうし……」と、自らを過小評価してしまう傾向にあります。

しかし、私がこれまでの30数年間で出会った経営者や、大手・中小企業の管理職から聞いたのは、「誰が昇進するかというのは、実力よりも『時の運』で決まった」といった話ばかりでした。

「仕事ができれば出世できるというわけではない」

「一人に認められたら7人の敵ができる」

といった話から総合すると、昇進するかどうかの決め手は、実力やスキルよりも運が大きかったのです。上司の好みや、たまたま所属していた事業部が主流か傍流か、だったりするのです。

だからこそ、リタイアした後にその事実に気づいて、後悔するわけです。


たとえば、K田さんは55歳での役職定年時にグループ会社の取締役に就任するのが既定路線のポジションにいたのに、20年以上前に直属の上司に楯突いたことが仇となり、フイになってしまいました。運悪く、たまたまその上司が常務になっており、回ってきた人事案を見て当時を思い出し、握りつぶしてしまったのです。

K田さんがその事実を人づてに聞いたのは定年退職後、自力で再就職先を探していたときでしたが……。

「グループ会社の取締役になっていたら、再就職先を探している現在のような形では〝自分の限界〟を決めてはいなかっただろう」

と、K田さんは語りました。

あるいは、出世競争のような背景があったわけではないけれど、「長年働いてきて惰性を感じ、いつのまにか『自分の限界はこの辺りだな』と線を引いて、さらなる成長やアップデートの追求、人脈づくりをなんとなく止めてしまった」という後悔も多くありました。

自社への帰属意識というのは厄介なもので、50代以降は、自分の市場価値を知る上での障害になりかねません。

「自分の価値は、本当にこの年収分なのか？」と、疑わなくなってしまうのです。

市場価値以上の年収をもらっている人もいれば、逆に過小評価されてずいぶん低い年収に甘んじている人も少なくありません。

同じ50代でも、年収450万円の人よりはるかに生産性の低い人が年収900万円以上もらっている、なんて話はザラにあります。

逆に、斜陽産業となってしまった上場企業や業績不振の有名企業では、管理職でも年収700万円程度というケースは珍しくありません。

成長市場の中小企業や外資に移れば年収が1000万円になるのに、その機会や可能性を知らない人がいかに多いことか

……私は皆さんに、ここをお伝えしたいのです。

50代を後悔している理由 9位

「やりたいこと」と「やりたくないこと」のバランスを考えていなかった

長年組織の中にいると「何がやりたくて、この会社に入ったか」ということすら、思い出せなくなるといいます。

上司に指示されるまま仕事をして10年、20年たつと、

「やりたいことが何かなんて、考えても仕方ない。どうせ上の指示通りにやらないといけないんだから」

と思うようになってしまいます。

当然、「やりたいこと」の方がモチベーションも高まるし力も発揮できるのですが、

「そんなこと考えてもムダ。がっかりするだけで、むしろ精神衛生上よくない」

と割り切って、月並みな手腕で仕事をこなすようになり、成長が止まってしまうのです。

そのことに後で気づいて、

「あきらめずにもっと『やりたいこと』にチャレンジすればよかった」

と、後悔するのです。

50代を後悔している理由 8位

低い条件の再雇用に甘んじてしまった

定年間近になり、「再就職・転職や起業は面倒だし、社会保険もあるし」という安易な気持ちから、新入社員より低い条件の再雇用に甘んじてしまい、「別の選択をすればよかった」と、後悔している人がたくさんいます。

転職などのアクションや情報収集すら行わなかったことを後悔している人もいれば、アクションを起こしたり、これまでの人間関係からオファーをもらったものの、踏ん切りがつかなかったことを後悔している人もいます。

60歳の時点で年収500～600万円の再就職先があったのに、時給1200円程度の再雇用に甘んじてしまい、仕事量と待遇のギャップに気づいて後悔に発展するというケースです。

50代を後悔している理由 7位

退職金、年金があまりに少なくシュンとしてしまった

しばらく前から、企業が50代や40代後半の社員に向けて「セカンド・ライフ研修」を実施するなど、定年後の人生設計を応援するようになっています。

研修の中身は、まず受講者が定年時にもらえる退職金と、定年後の年金支給額を個人ごとに明示します。

そしてそこから現実的に生きがい、家庭、健康といった面を含めて、どのように定年後を過ごしていくか、計画を練るというものです。

金額を見た瞬間、思っていたよりもあまりにも少なくて「シュン」としてしまうので、暗い雰囲気の研修となるそうです。

退職金や年金の額にあまりに無頓着すぎたという点で、このあと出てくる「1位」につながる後悔でもあります。

50代を後悔している理由 6位

「ちょっと充電してから考えます」……〝思考停止病〟になっていた

長年、組織で生きてきた結果、「思考停止という生活習慣病」に罹患《りかん》している50代は、軽く8割を超えるのではないでしょうか。

「思考停止病」とは、何かを考えるとき脊髄反射的に、

「会社はこう考えてるだろうから、私としては～」

「部長はこう思うだろうから、私は～」

と、なってしまうことです。

「役員はどう思うか」、「本部はどう判断するか」、「(顧客の)A社はどう判断するか」、と斟酌《しんしゃく》し、慮《おもんぱか》る日々が何十年も続いてしまうと、そこから解き放たれた自由な発想ができなくなります。

日本はとくにこの傾向が強いので、「自由に考えていい立場になったんですよ」と言われても、「そもそも『自由』ってどういうことだっけ?」と、戸惑ってしまうわけです。

だから、「50代を卒業したら、何をしたいですか?」という質問に、組織人としてではなく個人として答えられる人が少ないのです。そのため、

「えーと、ちょっと充電しながら考えますよ」

なんて答になるのですが、これが「思考停止病」の顕著な例です。

なお、先に見てきた「9位」、「10位」は、この亜種と言えるでしょう。

50代を後悔している理由 5位

「働かないオジサン（オバサン）」になってしまった

これは、現役の50代の後悔の話になります。

歴史の長い大手企業では、下の世代や若手社員から「働かないオジサン（オバサン）」と揶揄《やゆ》される50代が増えています。20代向けのキャリアプラン研修などでは、朝しか存在を確認できないことから、「妖精さん」という奇妙な呼び方まで登場する始末です。

若手の間では、「ITリテラシーが低く、新しい技術についていけないシニア社員のおかげで、自分たちの負担が増えている」という不満が募っています。

「そういう生産性の低いシニアの年収が、自分たちよりずっと高いのはどういうわけだ」

と、平然と言います。

「俺は『働かないオジサン』ではない」

と自分に言い聞かせる反面、心のどこかでは、

「そう思われても仕方ないな、もっとキャッチアップしておけばよかった」

という後悔をしている人も、数多くいるようです。

50代を後悔している理由4位

地域デビュー、妻と旅行、学び直しや趣味は暇つぶしにしかならなかった

巷の「定年後」の本では、

・地域デビュー
・妻と旅行三昧
・趣味に生きる
・学び直し

といったことが薦《すす》められています。

私も大賛成ですが、時間つぶしが主な目的になってしまうと、うまくいかないことが多いようです。

「それまで地域とまったく接点がなかったので、地域デビューしようにもきっかけがない」
「ボランティアサークルにいくつか入ってデビューしてみたものの、人間関係がうっとうしくて、どれもイヤになってしまった」

という声をよく聞きます。

そもそも、人とのコミュニケーションや付き合いが嫌いだったり、苦手だったりする人

だって相当数いるはずです。

「妻と旅行三昧」にしても、そう思っていたのは夫だけで、妻は友達との方がよっぽど楽しく、「夫と旅行なんて冗談じゃないわ」という感じだったり、そもそもしょっちゅう旅行できるだけの資金がないという残念すぎる結末も耳にします。

「学び直しに励む」とか「趣味を究める」というのも、

「暇つぶしでやるとなると、やりがいも感じないし、楽しくもない」

と言う人が多いのです。

「定年後はゴルフ三昧！」と考えていた人に聞いたところ、

「いつでもできる立場になってみたら、現役時代に忙しい中やりくりして出かけたゴルフの方が楽しかった」

と言うではありませんか。

結局、

「暇つぶしを目的に始めても充実感は得られなかった。人生の柱にはなりえなかった」

というのが現実ということでしょう。

しかし、現在の50代の定年後は、そんな「優雅な暇つぶし」さえなかなかできない時代になるかもしれません。

ご存じのように、すでにリタイアしている世代は、「逃げ切り世代」です。持ち家も多く、1社への勤続期間も長いので、それなりの資産があります。退職金と、それなりに生活できる年金が支給されています。


ところが現在の50代はどうでしょう。

2020年に50歳の人は、1970年生まれです。

大卒者の就活はバブル時に行われましたが、入社した年にバブルが崩壊。そこから「失われた20年」がスタートしています。

59歳の人は、共通1次世代です。

20代でバブルを経験したものの、ビジネスパーソンとして過ごした期間の半分以上が、成長を終えた日本の「失われた20年」と重なります。

この世代は晩婚化も進行したので、子供に一番お金のかかる時期が、役職定年後や60歳をすぎて新入社員並みの年収となった再雇用の期間になってしまうという問題も、起こりつつあるのです。

50代にとって、退職金と年金だけで定年後の暮らしが成り立つかどうかは不透明です。

50代を後悔している理由 3位

組織の名前ではないアイデンティティを確立できていなかった

3位は「アイデンティティの喪失」です。

「○○銀行の大塚です」

「◎◎商事で部長をしております大塚です」

といった名刺や組織というバックボーンがなくなると、「自分にはこういう価値がある」と思えなくなってしまうのです。

とくに、財閥系と呼ばれる企業や大手有名企業出身者に多く見られます。

定年後に名刺を作り、裏に出身企業名や「元部長」などの肩書、はたまたご丁寧に出身大学・学部まで入れているシニアがいますが、これも「アイデンティティの喪失」を恐れた典型と言えるかもしれません。「会社の名刺がなくなっても消えないアイデンティティ」を確立できなかったという後悔も見え隠れします。

もちろん、独立・創業して新しい仕事を始めるさいに、名刺の裏に出身企業や出身校を入れるのは戦略的ですから、大いにやるべきと思います。

50代を後悔している理由 2位

モチベーションがどうしても湧かなくなってしまった

2位はモチベーションの低下です。「55歳の役職定年が射程圏内に入ったとたん、モチベーションが維持できなくなった」という後悔です。

まず55歳の役職定年で年収がガクッと下がり、さらに60歳からの再雇用で新入社員並みか、時給1200円程度の待遇になる企業が多いのです。900万円から1200万の人が300万円になるといった、**「4分の1」、「3分の1」あたりが、よくあるケースだと思います。**

役職の高い人ほど年収の下げ幅が大きく、モチベーションが保てなくなるのです。

たとえば、54歳で年収1800万円だった本部長が、55歳の役職定年で900～1200万円程度に、さらに60歳で300万円になるイメージです。これは取締役や執行役員の一歩手前だった部長のケースですが、30年以上働いてきて、わずか数年の間に年収が6分の1になれば、誰でもモチベーションは危機に瀕するでしょう。

年収だけでなく、役職定年になったとたんに上司が年下になったり、経験やキャリアをあまり生かせない部門に異動になるのも、モチベーションダウンの原因になっています。

50代を後悔している理由 1位

定年後の人生設計をしておくべきだった

「1万人インタビュー」における「50代を後悔している理由」の栄えある（?）1位は、他でもない、

「定年後の『人生設計』をしておくべきだった」

です。

ここには、

・「『人生に定年はない』と気づけなかった」という後悔
・「『80歳以後も人生は続く』と自覚しておくべきだった」という後悔
・「何も考えず、無為に過ごしてしまった」という後悔

も、含まれています。

「お金」や「人脈」、「やる気」も上位になりましたが、トップはこれでした。

仕事に忙殺されて、それどころではなかった人も多いでしょうし、なんとなく漫然と過ごしているうちにいつの間にか60歳に、という人もいます。

意外に多かったのは、

「定年になったら、まずはゆっくり充電しながら、その先のことを考えよう」

と、思っていたタイプです。

しかしその充電中に、

「現役時代、せめて50歳から、定年後の『人生設計』をしておくべきだった」

と後悔するというのです。

役職定年や雇用延長が射程に入ってきた世代は、教訓にしたいものです。


「12の後悔」、いかがでしたか？

こんなに一気に見せられると、

「どこから潰していけばいいのか、もう分からん！」

と、すでに心が折れそうな人もいるかもしれませんが、気を落とされることはありません。

「12の後悔」それぞれに対策を講じる必要はありません。

まずはこれからふれる「4つの心構え」を押さえてから、後に続く章で説明する「自分にできそうなこと」を実行するだけで、拍子抜けするくらいサクサクと対処できるのです。

すべての根っこは「定年後の人生設計をしていなかった」ことにあります。

逆にいえば、先々の設計をしておけば、12のうち多くの後悔は防止できるのです。

では次の章で、「4つの心構え」をお話ししましょう。

2章 《座学篇》「12の後悔」を防げる4つの心構え

前章で、50代を後悔している諸先輩のリアルな声を紹介しました。

では、どのようにすれば「後悔しない50代」を過ごせるのでしょうか。

まずはすべてのベースとなる心構え、スタンスについて、ご一緒に考えていきましょう。

心構え①

一般論や思い込みを捨てる

◆**当てはめてもあまり意味がない**

まず、一般論を信じ込んで、大事な選択を誤らないようにしましょう。

一般論が自分に当てはまるとは限らないので、「なんだかんだ言っても正しいんだろうな」などと安易に信じ込んではいけません。

「60代での再就職は、年収300万円前後が普通。自分は普通のサラリーマンだから、欲張ると大変な目に遭う」

などと、軽々に乗っからないことです。職種や業種をはじめ、キャリアやこれから何をしたいかなど、一人ひとり違いますから、一般論にはあまり意味がありません。

まずは、ここを押さえて頂きたいと思います。

具体的に皆さんに関係してくるのは、ご自身の「職種」です。

役職定年者や定年退職者を再雇用しようとしている企業は、「退職者」と十把一絡《じっぱひとから》げで人を見てはいません。

ザックリいえば、技術者などのスペシャリストと事務系ゼネラリストでは、そもそも出発点が異なるのです。

1章で簡単に触れましたが、**設備系、施工系、設計、施工管理、電気、制御、工場建設、工場のオペレーション系、IT系などの技術者は、何歳になっても働けるでしょう。**

そうした技術者が不足して困っている中小企業が、いくらでもあるからです。

しかも、中小企業は新卒はもちろん中途でさえ、人を採用するのがとても難しいのです。

ですから、60代であろうが、即戦力として欲しいのです。即戦力であれば年収300万円未満なんてことはありません。

ちなみに、中小企業ではありませんが、知人の父親は78歳になりますが、定年後もエンジニアとしてインド工場の立ち上げのために単身赴任していました。

事務系でも**海外展開、海外営業、貿易実務、経理、財務などの専門職は需要があるので大丈夫でしょう。**

営業職は、海外の特定の国に強いとか、英語を使ったハードな折衝までできる人はいいのですが、国内営業の場合は実績が問われます。

ちなみに、編集者には「受験用の小論文専門のプロ家庭教師」を薦めています。これも「一般論」を信じ込んでいると見えてこないことですが、世の中には子供の中学受験のためなら月20~30万円払っても平気という家庭が結構あります。しかしプロ教師の高齢化によって、教える人の不足が深刻になっています。生徒の人生に関わるので、責任やプレッシャーが重すぎて敬遠されるのです。

大学受験のＡＯ入試、推薦入試や一般入試でも、小論文を課す学校は着実に増えています。需要に対して供給が足りていないわけです。

このように、一般論を自分に当てはめると、せっかくの可能性を殺してしまうので、絶対にやめましょう。職種や性格なども含めて、自分に合った生き方を選択するためにも、ぜひ、さっさと捨て去ってください。

◆「学歴神話」、「学歴コンプレックス」を捨てる

50代での転職活動や定年後の再就職では、新卒と違い、学歴はほとんど意味を持ちません。

東京一工、旧帝、早慶、MARCH、関関同立、日東駒専、大東亜帝国といった大学の序列、高専、専門学校、高卒、中卒といった学歴ではなく「キャリア」、つまり〝何ができるか〟で合否が決まります。

とくに技術者の中には高専や工業高校出身者も多いですが、50代以降の就職、再就職活動においては、一流大学を出た「営業部長ならできます」といった困った人より何十倍も需要が多いのが現実です。

求められているのは若かりし高校時代の学力ではなく、「いま不足している分野を補ってくれるだけのスキルを持っているかどうか」です。

学歴にプライドを持っている人は、「一流大学から一流企業に入社して、エリート街道を歩んできたオレが、今さら無名の中小企業などで働けるか」と思っていると痛い目に遭います。

長年キャリア採用、シニア採用を繰り返してきた中小企業は、採用で様々な失敗をして

目が肥えています。「プライドだけは一人前だが仕事は半人前」の人を見抜き、試用期間内に白黒つけます。

50歳を過ぎたら、学歴によるプライドはゼロリセットするに限ります。**学歴は高すぎると「過剰品質」として不利になってしまうことすらあるのです**（これは「スキルとキャリアで選ばれる」という事実の傍証となるでしょう）。

逆に、いまだに学歴コンプレックスを引きずっている人には、選考する側は学歴を「参考程度」にしか見ていないことに気づいてほしいです。思い込みで自身の可能性を狭めないでください。

◆「ふてくされそうなマインド」を捨てる

50代ともなると、役職定年だけでなく、降格、異動、転勤、さらに仕事の中でも理不尽な局面が多くなり、ふてくされたり捨て鉢になりそうになることがあります。

本人の能力や努力とは無縁の、会社、本部や上司の都合で理不尽が降りかかるから厄介なのです。

そうしたときにふてくされそうなマインド、捨て鉢になりたい気持ちをグッと抑えるのも一つの方法です。

しかしやはりガマンは精神衛生上よくないので、その感情をいったん「捨てる」行動を取るべきです。

管理職のK子さんはそうしたとき、「ふてくされそうなマインドをツルっと脱ぎ捨てて」という表現を使っていましたが、**精神科医や臨床心理士によると、感情を実況するだけで効果が出るそうです。**

間違っても、「ふてくされそうなマインド」を、社内の人間の前で吐き出してはいけません。

感情をどうコントロールしているかは、必ず誰かが見ているものです。

ふてくされてしまえば、それで終わり。なんとか感情コントロールをして粛々と前に進んだ結果、「役員に大抜擢」なんてことが起こるのです。私は何人もそういう方を知っています。

50代になったら、負の感情の捨て方を身につけておきましょう。

◆「組織人の呪縛」を捨てる

1章では「思考停止」という言葉で、「長年組織で働いていると、そもそも自由って何かすらイメージできなくなってしまう」という問題提起をしました。

たしかに、顧客より上司のニーズに応える方が出世には重要だったり、コンプライアンスより組織を守ることが優先される中で50代まで過ごしてしまうと、完全に「組織人の呪縛」にかかってしまいます。

そのままでいると「自分だけは、なんとかなるだろう」という妄想まで抱くようになります。定年後の後悔の種にしないよう、50歳になったら「組織人としての思考」からフェードアウトしていきましょう。

◆「セカンド・ライフ」という誤謬《ごびゅう》

いつからか、定年退職後の人生は「セカンド・ライフ」と呼ばれるようになりました。

しかしすでに定年を過ぎた人にとって、「セカンド・ライフ」という言葉は害にしかならないのではないでしょうか。

そもそも私たち人間も生物も、この瞬間にしか生きられません。「現役時代がファースト、定年後はセカンド」というのは分かりますが、そうなるとセカンド・ライフは人生の「おまけ」のように聞こえるし、実際にそう刷り込まれてしまいます。

しかし、メインではない人生なんて存在するのでしょうか？

「もし私が神だったら、青春を人生の終わりに置いただろう」

……高校時代にアナトール・フランスの名言を知って、「うまいこと言うなぁ」と感動したことがありました。還暦を目前にした今、ますます輝きを増すばかりです。

「下り坂の人生を歩みたくない」というニュアンスも感じ取れるし、「実際には下り坂であっても、抗《あらが》おうとするところに生きがいや張り合いがあるのだ」と、教えてくれます。

◆**「先入観」、「思い込み」、「これまでのスタンス」を捨てる**

ここまで「捨てる」ことの大事さについて述べてきました。

しかし中には「これはいらない」と頭では分かっていても、捨てるのが難しいこともあるでしょう。

また、捨ててはいけないことも、たくさんあるはずです。

こういう場合にお薦めしたいのは、**「陽転思考」**です。何か自分にとってマイナスなことが起きてしまったとき、**「せっかく」**、**「いったん」をつける**という思考法です。

たとえば、

「せっかく役職定年になるんだから〜」。

この「〜」に入れる言葉を考えれば、**自動的に思考がポジティブになる**という合理的な方法です。

「いったん」という副詞も、つけると〝捨てるハードル〟がグッと下がって自由な発想がしやすくなる効果があります。

「いったん」には「仮に」、「試しに」というニュアンスがあるので、失敗したら元に戻せばいいという気楽さも生まれます。

「いったん捨てる」ことがきっかけとなって、「捨てる方がいいこと」と「捨ててはいけないこと」を分けやすくなると思います。

ここまで見てきて、いかがでしたか。

一般論や思い込みから自由になるというのは、部屋の片づけに例えれば、「まず、いらないものを捨てる」に相当します。

いらないものがなくなったら、次のステップに進みましょう。

心構え②

「しなきゃいけない」と「これだけはノー！」から方向性を考える

◆「人生設計」がすべてのベース

いらないものを捨てたら、いよいよ「12の後悔」の1位「定年後の人生設計をしていなかった」を防ぐための心構えに入りましょう。

これがすべてのベースになります。

では、こうした後悔をしないためには、どうしたらいいのでしょうか。

50歳になった時点で、65歳以降をどのように過ごしたいか、「人生のコンセプト」をザックリと描くことです。

そのさい重要なのは、「年金が夫婦で24万円位だから」とか「預貯金が2000万円だから」といった条件や制約を一切つけないことです。

まずは**「65歳以降、どうしていることが自分にとって一番ハッピーなのか」**を考えます。

次に**「65歳以降、どうしていることが家族にとって一番ハッピーなのか」**を推測し、やんわりとでも聞けるなら聞いてみましょう。

お金や再雇用・再就職のことは、裏技も含めて4章で細かく紹介していきますし、正直なところ、なんとかなります。

それよりも「65歳以降の人生設計」の基本コンセプトの方が、よっぽど重要なのです。

せっかく子育てや組織での責任から解放されるのですから、どう生きれば自分が一番ハッピーなのかを基準に、じっくり考えてみましょう。

そうはいっても、まったくゼロから「基本コンセプト」を描くのが苦手な人もいるはずなので、呼び水としていくつか挙げておきます。

①マインド系……生きがい、自己効力感、何かへのチャレンジ
②ヘルス系……健康維持・増進、規則正しい生活など
③フィナンシャル系……お金、資産など
④人間関係系……家族、仲間と過ごす楽しい時間、かつての仲間との再会など

⑤趣味系……ゴルフ、テニス、釣り、楽器演奏、コーラス、読書、陶芸など
⑥娯楽系……楽しい時間、旅行、外食、囲碁、将棋、麻雀、ゲームなど
⑦仕事系……仕事の継続、顧客との付き合い、新分野の開拓など
⑧研究、勉強系……歴史、地元史、家系図、学び直しなど
⑨リベンジ系……昔挫折してしまったことに対するリベンジ、英語など

この9つに限らず、他にも「～系」というものがあるかもしれません。自由に挙げてみてください。

その上で、自分は何を大切にしたいのか、5項目に絞ってください。

トータル「100点」を5項目で配分していけば、優先順位が決まります。

◆「これだけはやらない」……消去法も有効！

「5つに絞れと言われても、すぐには分からない、決められない」

という方も多いかもしれません。仕事に追われて、なかなかこういったことを考えてこられなかったという方がほとんどだと思います。まさに「重要度は高いが緊急度は低く、分かってはいるけど後回しになる」ケースです。

そういう場合、

①「好き嫌いはさておき、これはやらなきゃいけない」という「マスト」と、
②「これはやらない！」という「ノー」
の二つの方向から考えると、絞りやすくなります。

たとえば、

「そもそも年金だけでは豊かな生活ができない」
「妻から『70歳までは働いて』と言われている」
「妻から『一日中家にいないで』と言われている」
「子供がまだ大学生で、まだまだ教育費が必要」

といった場合、働き続けることが必須です。

「無収入というわけにいかないから働かなきゃ」という人も多いはずです。

②の「これはやらない」というのは、「フルタイムの仕事」、「宮仕え」、「人に教える仕事」、「管理業務」、「調整業務」といったイメージでしょうか。

「人に教える仕事は、もうやらない」というのは、教員を定年になった人に多いです。「人に教える仕事なんて、もうこりごりなので塾講師とかはゴメンだ」ということです（意外に多数います）。

「これはやらない」、「これだけはやりたくない」ということであれば、すぐにでも紙に書き出したくなる人も多いでしょうから、②からスタートするのもアリです。

もちろん「仕事そのものをしない」という人もいるでしょう。「遊びたいなら（70代ではなく、体力の残っている）60歳から」と薦める諸先輩もいます。この場合、50代は原資確保に勤しむという設計が有力になるでしょう。

◆「何を大切にするか」でフィルターにかける

このように「すべきこと」と「これはやらない」をまず決めて、その後で「（仕事をしなくてはならないとしたら）何を大切に『やる仕事』を決め、仕事以外をしていくか」を考えてみましょう。

たとえば「細かい指示や命令などされたくないので、自分が主導権を取れるかどうかで選ぶ」といったイメージです。

「何を大切に」について、ピンとくるものがない場合は、「できること、やりたいこと」という切り口を使うと考えやすくなります。

【できることの例】

- 3次元CADでの設計
- 施工管理
- 英語での折衝
- システム監査
- 機械修理

【やりたいことの例】

- 後進への技術の継承
- 営業コーチング
- 一人起業
- 自宅レストラン
- ジャズ喫茶

「できること、やりたいこと」の延長で人生設計をすると、様々な可能性が見えてきます。

定年後に希望が持てて、ポジティブな気持ちで先々を設計できるのは、大きなメリットです。

「できること、やりたいこと」が、一つもクリアに思い浮かばなくても大丈夫です。先ほどの「すべきこと」、「これはやらない」で設計してしまいましょう。

そのうちに「やりたいこと」に気づいたり、何かの影響でやりたいことが出てくることもあります。はっきりと「これをやる！」と決められる人はともかく、とくに「思考停止」、「自由って何か、分からなくなっている人」は、ここまでに紹介した順序を、ぜひ試してみてください。

◆50代以降を充実させた人たちの共通点

普段あまり考えないことを考えるのは、けっこう疲れることです。

ここでご参考までに、50代以降を充実させている人たちを紹介しましょう。

現在70代の方も登場します。「70代なんて、まだまだ先」と思われるかもしれませんが、案外すぐにやってきます。想像力の射程距離を広げておいて損することは一つもありません。

一人目は、50代で勤務していた保険会社が合併となり、早期定年を募ったさいに手を上げ、出身地に戻って町会議員になったB場さんです。

地方出身の次男でしたが、50代後半で早期定年退職し、母親から相続していた土地に小さな家を建ててUターンしたのです。

Uターン直後は定職にはつかず、地域のボランティア的な活動をスタートしました。その直後にあった選挙に立候補し、町会議員になったのでした。

中学時代に生徒会長だったという伏線もありましたが、企業組織で身につけたリーダーシップで「地域の人のために尽くす」という自己実現が図れた好例です。

二人目のJ内さんは、ある有名企業の総務部長でした。定年後は、親戚が経営している売上40億円前後の企業の取締役総務部長として迎えられました。

もちろん、この移籍の話は定年の十何年前からの既定路線で、請《こ》われて入社した経緯があります。

しかも、その会社は順調に成長し、いまや100億円を目指す規模まで成長しており、70代後半のJ内さんの年収は軽く1000万円を超えています。やりがいだけでなく、収入的にも羨望される定年後ではないでしょうか。

3人目はD谷さんですが、「体力があるうちに」ということで、50歳になったとたんに電機メーカーを退職し、数カ月の修行の後、豆腐店を開いたのです。

ものづくりが好きで入ったメーカーでしたが、組織に疲れてしまったと言います。

奥さんの実家が豆腐店だったことも大きな理由ですが、「豆腐という「ものづくり」はその日の出来不出来が極端だそうで、渾身の一丁がダイレクトにお客様から評価されるので、朝は早いけれど充実した毎日だそうです。

4人目は、先ほど挙げた「⑨リベンジ系」を実践する方です。東大数学科出身のF岡さんは、IT企業のCTOを退任すると中学、高校の数学教科書を買い集め、猛烈なスピードで解き始めました。大学時代に挫折した数学の証明問題に再チャレンジするためのウォーミングアップです。

現在72歳になりますが、メーカーの技術翻訳を手伝いながら、数学の研究と電子書籍の読書、そして大好きなサッカー観戦と楽しい生活を送っています。

F岡さんは50代前半で奥さんを病気で亡くし、50代半ばで「宮仕えを辞める」選択をし、自由度の高い道を選びました。50代後半で役員を退任。システム系コンサルティング会社を一人起業し、通信系企業のCTOのブレインとして活躍されていました。

奥さんが亡くなったとき二人のお子さんがまだ高校生と中学生でしたので、私たちの目には「男手ひとつで育てるため」と映っていました。

朝5時に起きてお子さんのお弁当を作っていました。その後、二人とも無事巣立って、F岡さんも60代で再婚されています。

そんなF岡さんの「何を大切にして生きていくかの優先順位」を、先の100点を配分するスタイルで表してみると、

「①家族との時間 35、②仕事 20、③サッカー 20、④読書 15、⑤リベンジ（数学）10」

でした。

5人目は大先輩、G藤さん（80歳）です。

G藤さんの場合は、

「①家族との時間 40、②仲間とワイワイ 20、③旅 15、④テニス 15、⑤仕事 10」

といった配分になります。

旅好きで、まさに趣味と実益を兼ねており、旅をしては紀行文や記事にして原稿料を得ています。

「書くこと」が天職でしたので、50代のうちから定年後は「楽しみながら書くこと」を理

想にしていました。

旅先で酔って階段を踏み外してケガをするなど、まわりをハラハラさせる反面、必ず復活してテニスにやってくるG藤さん。最近、奥さんが転んで療養中のため食事の用意も担当しているそうです。まわりの50代が「こういうシニアになりたい」とうらやむ存在でもあります。


さて、この5人には共通点があります。

一般論に身をゆだねず、自分の「50代以降の人生設計」を明確にイメージしていたことです。65歳以降をぼんやり「セカンド・ライフ」なんて捉えていませんでした。

この5名と、1章の「4位」でふれた「暇つぶしをして人生に虚しさを感じている人たち」の差は、非常に大きいです。

50代なら、まだ間に合います。

しかし忙しさにかまけてボーッとしていたり、現状維持を旨として何もせずにいると手遅れになってしまいます。

思考停止している場合ではありません。

心構え③
自分の市場価値の高め方を知っておく

◆考える「土俵」を変える

先々の設計についてイメージしたら、「市場価値を高める」について知っておいて頂きたいと思います。

後悔している先人たちの轍を踏まないためには、定年後を見据えて自分の市場価値を高める動きを、50歳になった時点でスタートさせることが大切です。

といっても、それまでにエージェントに依頼して転職活動をしたことがなければ、自分の市場価格など知らないのが当たり前です。

ここではポイントをお話しします（実践的な詳細は、4章でじっくりご説明します）。

50歳になったら、先々のことは「この会社ではこういう仕事をすれば光が当たるだろう」とか「自分がいる事業部では、あれをやっても日の目は見ないだろうな」という「会社・

所属部署という土俵」ではなく、**「この先、日本社会で何をやっていこうか」**という土俵で考える方が生産的です。

役員にならない限り、60歳を過ぎれば雇用延長の対象にしかなりません。早いうちから「この会社では～」という帰属意識からは離れましょう。

◆世の中の「需要と供給」を知る

市場価値を高める動きに入る前に、まず世の中の「需要と供給」について押さえておきましょう。

定年後の再就職について、事務系と技術系とを比較すれば、現状では技術者の方が有利ではないかと思います。

ゼネラリストとスペシャリストという意味では、スペシャリストに軍配が上がります。

これらはひとえに、需要と供給のバランスで決まります。

たとえば、先に挙げた**設備系、施工系、設計、施工管理、電気、制御、工場建設、工場のオペレーション系、IT系などの技術者は年齢を問わず、どこの企業でも不足していま す。**需要に供給が追いつかないからです。

国内の営業職は、需要は限定的です。

顧客側との年齢差が障害になることもあるためです。もちろん、かつての顧客との人間関係、つまり人脈を武器にした「顧問」という形での転職市場はあるものの、再雇用先の売上に直結するかどうかは、かなり厳密に評価されます。

これまで「業界の顔」として知られていたり、実績を上げて役員、部長クラスにまでなった人はいいのですが、元営業職全員に当てはまるものではないようです。

業種によっては、ＩＴ技術の進歩とともに営業実務がずいぶんと進化し、かつてのやり方は通用しないと判断されるケースも出てきています。

反対に、**海外営業の需要は爆発しています。**

特定の国や地域、商務、法務、税務に精通している人材は有利です。

英語やその他の言語を操りタフな交渉ができる人も、引く手あまたと言っていいでしょう。

また、需給バランスという意味では、**大型トラックのドライバーは人手不足で、70歳近くになっても定年退職させられない会社もあるそうです。**

トラックの運転手は、荷物の積み下ろしも業務のうちです。大型トラックの運転手が、年齢とともに長距離移動や荷物の積み下ろしが大変になって、宅配のドライバーに移ってしまう傾向もあります。

同じドライバーでもタクシーであれば、子育てを終えた女性がなるケースも増えているのですが、大型トラックの場合は荷物の積み下ろしがネックになるのです。

しかも、2007年の道路交通法の改正以来、かつては普通免許で運転できた4トン車にも中型免許が必要になりました。大型免許を取る若い層は大幅に減っているので、次の担い手がいないのです。

物流の総量は増えているのにドライバーの数は減っています。需給バランスが崩れているのです。待遇をよくしないとドライバーを確保できないので、収入は上がっていくはずです。

大型はともかく4トン車の経験があり運転の好きな人は、需要と供給という意味で念頭に置いておくといいかもしれません。

世の中の需要と供給に敏感になって、「できること」、「できそうなこと」、「やりたいこと」と重ねて仕事を選択することをお薦めします。

◆「現在の自分の市場価値」を把握する

「需要と供給」について見てきました。

次に、「現在の自分の市場価格はいくらかを把握する」ステップに進みましょう。

なお、「現在の自分の市場価格はいくらか」と、現在にこだわっているのは、60歳を過ぎるとその会社の再雇用者の待遇が基準になってしまうからです。

年齢に関係なく、「自身のスキルにいくらの価値があるか」を知る必要があります。

ネットなどで年収査定診断をしたり、エージェントに査定依頼する方法もありますが、個人情報を出したくない場合は、ネットや紙媒体で規模別の同業他社の事例を調べてもいいでしょう。

市場価値を上げる方法に、少し触れておきます（詳しくは4章で説明します）。

まず、「自分は何ができるか」を、これ以上ないレベルまで細かくリストアップします。

最初は自分の視点でリストアップしてかまいません。

次に相手の視点、つまり**「相手はどういう人を欲しがっているのか」**で考えてください。

そして採用する側の「こういう人が欲しい！」に対して、

「まさに私は、そういうことができる人間です」

と、ジグソーパズルのピースがぴったり合うように、表現を変えていくのです。

これにより、「私は○○の△△ができます」という自分目線の表現が、具体的で相手が関心を持つ「売り物」に変わります。

50代の前半だけで5年もあります。相当な経験が積めるはずなので、50歳になった瞬間から準備を始めておきたいものです。

同時に、**「自分のスキルに価値を認めてくれるのは、どこの誰なのか」**ということも、ぼんやりとでいいので考え始めておきましょう（これも重要なので4章で説明します）。

◆「守備範囲」を広げる

3つ目は、仕事の守備範囲を広げる勉強や経験を積むことです。

これは、**マルチタスク化**に対応できるようにするためです。

たとえば、

「エンジニアが本職だけれど、コミュニケーションが好きなので技術営業もできるし、最新のIT技術を使った新規開拓のアプローチも勉強中」

といったイメージです。

総務の例で言えば、人事・給与の実務から採用、教育まわりまでだったキャリアをマルチタスク化するために、ファシリティ、法務、経理、財務へと守備範囲を広げ、**「専門とは言えないけど、お手伝いくらいはできます」というレベルのものを一つか二つ持っておくと、展開はまったく違うものになります。**

今風なところでは、**WEBデザイン、SEO、UX（User Experience）、MA（Marketing Automation）**などの実務を勉強しておくと、市場価値は間違いなく上がるでしょう。

「好きこそものの上手なれ」という通り、広げる対象の業務が好きなら理想的です。

しかし、現実にはそうではないケースの方が圧倒的多数でしょう。そういうときは、好きではないとしても、

「嫌いではないなら、トライする」

「苦手ではないなら、やってみる」

ということを指針とすると、最初の一歩が踏み出しやすいかもしれません。

心構え④

モチベーションが枯れない方法を知っておく

(1)「幸せの4因子」でバランスをチェック

モチベーションは、すべての行動のエネルギー源です。

それを維持する方法を知っておくのが、心構えの4つ目です。

「幸せの4因子」という考え方があるのを、ご存知でしょうか？

これは慶大教授の前野隆司氏が、1500名の日本人の調査結果をまとめた『幸せのメカニズム』（講談社現代新書）で紹介したもので、**「人の幸福は4つの要素のバランスで決まる」**という考え方です。

4つとは、

①「やってみよう！」因子（自己実現と成長の因子）

②「ありがとう！」因子（つながりと感謝の因子）
③「なんとかなる！」因子（前向きと楽観の因子）
④「あなたらしく！」因子（独立とマイペースの因子）

です。私はこの考え方に非常に感銘を受け、多くの方に紹介したところ、考え方と行動が変わったという人がたくさんいました。

そこで、この「幸せの4因子」に照らして「本当に大切なこと」をしっかりと軸として定めた人生に軌道修正して、モチベーションをコントロールすることを、皆さんにぜひお薦めしたいと思います。

◆ビジネス人生が変わった

以前、役職定年を前に燃え尽き症候群的になっていたA塚さんに「幸せの4因子」を紹介したことがあります。

中学時代に両親が離婚したA塚さんは、進学校だったにもかかわらず、経済的な理由から高卒で就職しました。持ち前のガッツで業績を積み上げ営業部長まで昇進したものの、役職定年が見えてきて、入社以来はじめて「やる気の減退」に悩んでいたのです。

Ａ塚さんの生き方を「幸せの４因子」に照らしてみると、バランスの悪さが際立っていました。

「同期には絶対に負けない」が信念で、つながりや感謝など眼中になく、部下や関連部門のことなど二の次でした。50代になってなお「負けない」に固執していたので、「自己実現、独立因子」が突出し、「つながりと感謝、前向きと楽観の因子」とのバランスが悪く、モチベーションが湧かなくなっていたことに気づいたわけです。

それまでの人生をいったんリセットし、バランスを修正するために「つながり」を強化することにしました。

まず、思い切って「部下を通して業績を上げる」というスタンスにシフトしました。三日坊主にならないように、この言葉をスマホのカバーに挟んで、毎日毎時、スマホを見るたびに目にして、行動に移すようにしたそうです。

部長だったことも幸いしました。自身の後継者を育てようと、主役を自分ではなく部下に譲ったつもりになって、部下育成のために多くの時間を割くようになりました。

かつては部下に任せてもうまくいかず、「責任を押し付けられるのはまっぴらだし、自分でやった方が速い！」とばかり自ら背負い込んでいたのですが、基本的にすべて部下に任せるようにしたのです。

するとどうでしょう。部下の方から「ちょっといいですか？」と相談や報告に来たり、コミュニケーションの機会がどんどん増えてきました。

部下の方から話しかけてくることなど、ほとんどなかっただけに、「自分がスタンスを変えれば、部下や職場に伝わり、部下のスキルもアップする」と実感したのです。

手応えを得て、さらに仕事以外でも「つながり」を強化します。

高校時代のクラスメート、部活の後輩たちを集めて飲み会やゴルフコンペを企画しました。30年以上不義理をしていたA塚さんからの誘いに怪訝な顔をしていた同級生や後輩たちも、3年たった今では幹事を持ち回り定期的に集まっています。

「50代からの『本当に大切なこと』とは、**何かを犠牲にして何かを得ることではなく、あくまでも人生を幸せに過ごすためにバランスを修正することだ**」

と、気づいたそうです。

さて、あなた自身の人生を「幸せの4因子」に照らしてみたとき、どんなことが見えてくるでしょうか。ぜひこの機会に、自分の傾向をあぶり出してみてください。

(2) 50代以降を4段階に分ける

さて、ここでぜひイメージして頂きたいのは、先ほどもふれた「人生100年時代」についてです。

「30年以上働いてきて、モチベーションもだいぶすり減ってるよ」という人もいるかもしれませんが、この先の長い人生で何をやるにしても、すべての源はモチベーションです。

これが枯れてしまうと「後悔」を防ぐのは難しくなってきます。

私は、50歳以降を4つの期間に分けて考えると、モチベーションを保ちやすいと思っています。

①50〜59歳：準備期間
②60〜64歳：試行&微修正期間（トライアルアンドエラー期間）
③65歳〜　：本当の自分のための人生（「リアル・ライフ」）前期
④75歳〜　：本当の自分のための人生（「リアル・ライフ」）後期

簡単にポイントをご説明しましょう。

①50～59歳：準備期間

まず、諸先輩たちの50代を振り返った後悔の「1位 定年後の『人生設計』をしておくべきだった」から明らかなように、遅くても50歳から準備をスタートしないと手遅れになることが分かっています。

50代は年収が最大化するタイミングで、多くの人は役職も最高位になるでしょう。**反面、役職定年、定年延長・再雇用の事務手続きが行われると同時に、年収も大幅に引き下げられるタイミングでもあるのです。ジェットコースターのように収入もモチベーションも上がったり急降下したりする10年に違いありません。**

一方、私生活でも子供の教育費は最大化し、子供の就職や結婚、親の介護に気を揉む10年です。地方出身者は、親の介護のために実家に通う交通費など、何かと出費がかさみます。

年収が最大化するということは責任も最大化するわけで、自分の仕事だけでなく、部下や後進の育成、プロジェクト全体、部署全体に対してリーダー的な役回りが求められるため、調整業務など日常業務以外にかなりの時間を持って行かれてしまいます。

家庭でもイベントが満載ですから、定年後の人生設計なんてほぼ手つかずのまま退職の日を迎え、お約束のように先に紹介した後悔となっていくのです。

だからこそ、50~59歳という準備期間の最初の年、つまり50歳になった時点で、たとえば、「◎曜日の○時~○時○分の90分間は、65歳からの人生設計をする時間」と、スケジュールを固定化してしまう方法をお薦めします。土日のいずれかを活用すればスケジューリングしやすいと思います。

②60~64歳:試行&微修正期間(トライアルアンドエラー期間)

これは50代の準備期間で策定した計画を試行し、場合によっては修正する期間になります。

というのも、私たちはうまくいったか失敗したか、結果に白黒つける2分割思考が大好きです。

しかしこれが危険なのです。いったん**「黒」(失敗だった)と決めつけてしまうと、例の思考停止状態になって、改善策や修正案といった「もう一つの可能性」を考えなくなってしまうから**です。

20代の頃と異なり、モチベーションやガッツ、体力に満ち溢れているわけではないので、衰えることのない知力を使って小さな試行錯誤を繰り返したいのです。

ちょっとうまくいかないことがあっても「試行期間だから」と割り切って、深く悩まずに済むというメリットもあります。

微修正しながら再実行を繰り返し、できるだけ自分の本意にフィットするように、計画や自身のスタンス、考え方を微修正していきましょう。

たとえば、大手損保の元部長のE田さんは、50代で部長職を役職定年になり、60歳で定年、再雇用となりましたが、再雇用先での業務はデータ入力です。

時給も下手をすると派遣社員よりも低い１４００円程度。文句を言ったわけではありませんが、元々仕事ができて部長まで出世した人だけに、すぐに全体のスーパーバイザー役になってほしいと、時給２～３００円アップも打診されました。

ところが断りました。

時給が多少上がるとしても、

「誰かを管理監督、指導するようなストレスはまっぴら御免」

というのが理由です。50代の時点で、定年後も仕事はするけれど、

「誰かを管理したり、何かを調整したりする仕事はしない」

と、決めていたのです。

勤務先は出身企業の系列子会社ですから、諸々しがらみがあってうっとうしいので、再雇用期間の半ばながら契約更新はせず、自分で他の職場を探しました。

今は新天地のメーカーで入力の仕事を時給1400円で続けています。その職場でもスーパーバイザーへの昇格・昇給を打診されていますが、同じ理由で固辞しているそうです。

60〜64歳での試行&微修正というのは、こういうことです。

ちなみにE田さんは早稲田大学政治経済学部卒で、誰でも知っている大手損保の元部長でした。

E田さんから、早大のクラスメート(H井さん)を紹介されました。やはり生保の部長でしたが、今はビルのガードマンで時給は1200円だそうです。

「一流大学を出て、一流人気企業の部長まで務めたのに、時給1200円とか1400円で働くなんて……」と思う人にとっては、とくにこの「試行&微修正期間」が大きな意味を持ちます。

H井さんの場合、他の仕事が見つからずガードマンになったのではなく、50代の時点で、「もう本部と部下、顧客と自社の板バサミになるような仕事はしない」「もっと気楽にできる仕事をしよう」と、明確にしていました。

「企業の部長職のような仕事だけは、もうしない」という選択です。

「1万人インタビュー」の中で、私がかなりビックリしたのは、**一流大学を出て一流企業で出世した人ほど、60代以降の仕事を「プライドが満足するか」で選択しないことです。**

過去の成功体験ですでに自己愛が満たされているので、プライドにこだわらないのかもしれませんが、潔いものです。

もちろん「データ入力、ビルの警備、新聞配達なんてプライドが許さない」という人は、別の仕事を探すなり、始めるなりすればいいのですが、60代からは「ゼロリセット」で生きようとすると、可能性がグッと広がります。

「プライドという壁」を乗り越えるのは、楽しく生きる方法としても非常に有効です。

③ 65歳～：本当の自分のための人生（「リアル・ライフ」）前期

④ 75歳～：本当の自分のための人生（「リアル・ライフ」）後期

ここで、さらに先のことにも少々触れておきましょう。

65歳からのリアル・ライフは前期（65～74歳）、後期（75歳～）に分けて人生設計して頂きたいと思います。

後期高齢者医療制度が始まるのが75歳です。

健康寿命は、２０２０年時点で女性74・21歳、男性71・19歳です。継続して上昇中なので、私たちの世代では男女平均で75歳程度になると推測されます。そこから「75歳」を前期、後期の分岐点にしました。

「リアル・ライフ」の過ごし方は、たとえば「前期は働き続け、後期は仕事からは完全リタイアして余暇を楽しく過ごす」というイメージです。

そこから逆算すると「50代での準備、60代前半での試行錯誤」が、よりはっきりイメージできるので、この時期の人生設計もできるだけリアルに描いておきたいものです。

3章 《準備篇》 50代で始めておくべき9つのウォームアップ

ここからは、後悔しないために、「50歳からスタートさせておくべきこと」についてお話ししていきます。

①人望、人脈……まだ間に合う。全方位のメンテナンスを!

◆人物評は変えられる!

社長レース、役員レースだけでなく、部長レースでも最終的には「人望」の有無が選定基準になることが少なくありません。

仕事はできても、部下や他部署からの人望がないことが、上級管理職や役員、あるいは社長への昇格のネックになることが多いのです。

凄腕の営業パーソンにしばしば見かける「自分の実績ばかり考えて周囲への配慮が足りない人」や、昔ながらの職人気質の技術者によくいる「話しかけにくいと思われている人」は、要注意です。

50歳になったら「それが私の性格、キャラだ」、「できる人間には威厳があって当然だ」では済みません。しっかり対応しておかないと重大な障害となり、60歳以降の可能性がかなり狭まってしまいます。

50代での転職や60歳からの定年延長や再就職は、「ツテ」や「後進との人間関係」によって明暗が決まるのです（詳しくは後述します）。

人望がないと圧倒的な不利益を被ります。よほどの特殊技能や技術がない限り、誰もそういう人と一緒に仕事をしたくないからです（皆さんもそうではないでしょうか）。

長いこと組織にいると、人物評というのは固まってくるものです。

しかし一方で、たとえば20年前を思い出してみてください。

「若い頃は人の手柄も横取りしそうな野心家だったけど、いい感じに丸くなったなぁ」

「『空気読めない』で有名だったけど、今はすっかりなじんでるな」

「とにかく噂話が好きでいろいろモメるきっかけ作ったけど、だいぶマトモになったね」

こんなふうに、周囲からの人物評が変わった人は、意外に多いのではないでしょうか。

みんな自分のことで忙しいから、言動が変われば、いつまでも過去のイメージを抱えていたりはしないものです。

人物評、キャラは変えられるということです。

今から変えたければ、特効薬があります。

もちろん「好かれる雰囲気を出そう」といったふんわりしたものでは長続きしません。

そんなことより**「若手、後進のお世話をする」と決めてしまって「一日一善」的に習慣化することのほうが、よっぽど効果が出ます。**

50代は、もっとも若い世代のお世話ができる年代です。今からでも「人望力」を強化したい人、「どうも年下から敬遠されているようだ」という人は、自分も相手も肩肘張らずに済む小さなお世話から始めるのがコツです。

「認めたくはないが、厳しくしすぎたせいで、年下からはっきり嫌われている。早く一人前になってほしい親心からだから後悔はしていないが、残念だ」と、忸怩たる思いを抱えている人もいるでしょう。でも大丈夫です。

かつては「鬼」と恐れられたものの、50代でのシフトチェンジに成功して後進から慕われるようになり、70代となった今でも「○○会」（「○○」は、かつて鬼だった人の名前）と称して年に数回、後輩から宴席に誘われている、といった人もたくさんいるのです。

◆社内、社外の人脈の〝トータル・メンテナンス〟を

先人たちの多くが推奨する通り、拙著『30代を後悔しない50のリスト』（ダイヤモンド社）では、「30代では付き合う人を選ぼう」と、『40代を後悔しない50のリスト』（同）では、「40代では、本当に頼りになる人脈を3名持とう」と提唱してきました。

50歳になったら、人との付き合い方のスタンスを再び変える必要が出てきます。

諸先輩のその後の人生を見ると、**50代では〝全方位での〟社内外の人脈の構築とメンテナンスが欠かせないのです。**

年上、年下、仕事関係、学生時代や趣味の人間関係も含め、時間をかけて一度、トータルなメンテナンスを施しておきましょう。

というのは、40代～50代になると地位も上がります。その地位に寄ってくる人も少なくありません。そうした輩は地位を離れたとたんに蜘蛛の子を散らすように去っていくものです。

一方、同級生や、定年退職したかつての上司、会社を移った先輩たちとは、いつの間にか年賀状だけになっていたり、疎遠になっていることも珍しくありません。そうした人たちとの関係をアップデートしておきたいのです。

いったん疎遠になっても、かつての年賀状、携帯のアドレス、SNSで知り合いを通じてなど、なんらかの手段で再コンタクトできるはずです。

私も、かつての上司や取引先のオーナー社長と一対一で飲んだりランチしたりしました。駆け出しだった私と30数年後の私の両方を知った上で、ご自身の体験をふまえたアドバイスを下さり、今も参考にさせて頂いています。

②「年金＋300万円」計画に必要な準備を始める

◆「宅建」は稼げる

前章の「定年後の人生設計」をふまえ、65歳からの「年金＋300万円」計画に必要な勉強や資格の準備を始めましょう。

趣味や自己啓発ではないので、60歳からの再就職の待遇アップ、あるいは65歳からの「年金＋300万円」にダイレクトにつながるものでなければなりません。

資格でいえば、実現可能かつ「年金＋300万円」計画で使えるのは、**建築・土木系、施工系、設備系、電気工事系、IT系、ガイド、宅建**です。

とくに、人の面倒を見るのが苦にならない世話好きな人には、**宅建**は難易度の割に稼げる資格と言えます。

あるいは現在、建築工事でも土木工事でもかつて「現場監督」と呼ばれていた「現場代理人」が全国的に不足しています。

資格では**「一級建築施工管理技士」、「一級土木施工管理技士」**などが必要になります。取得していれば当然、武器になります。

IT業界もたくさん資格があるので、スキルが明確にしやすいでしょう。**「CISA（公認情報システム監査人）」、「システム監査技術者」、「ITストラテジスト」**をはじめ、ネットワーク系、データベース系などの上級資格を持っていると「年金＋300万円」計画がグッと現実的になってきます。

また、**税理士**は科目合格制の試験なので金融機関や管理部門出身の方にはいいかもしれません。50歳からでも充分間に合います。

これらは「資格がないとできない仕事」です。

◆守備範囲を広げる

一方、資格とは関係のない仕事もたくさんあります。

むしろ、こちらの方が大多数です。

資格としては確立されていなくても、「年金＋３００万円」計画に必要なスキルは、新たに勉強し始めましょう。

たとえば、管理部門で**総務**を長年やってきた人であれば、中小企業の管理部門が担当しているであろう人事、給与、経理の業務についても少しずつ勉強して、経験を積んでおきたいものです。

先に紹介したマルチタスクの一つとして、「プロとは言えないがセミプロ程度とは言える」といったスキルを増やしていきたいのです。守備範囲を広げるための勉強です。

50代は10年あるので、相当なことができます。

ご自身の商品価値を上げるために、何から勉強すればいいかをしっかり考え、少しずつでかまわないので、実行に移していきましょう。

③ スキルとキャリアを「高く売れる商品」にする

◆「コピー」を考える

再就職の面談で「何ができますか？」と問われた50代が、

「部長ならできます」

と答えるという有名な笑い話があります。

しかし、これは笑いごとではありません。日本企業に勤務するほとんどの人は、「自分は何ができる人なのか」を、相手に分かりやすくプレゼンできないのです。日本企業で働く分には、そんなことを考える必要はなかったわけで、その結果が「部長ならできます」です。

40代までは、さして支障がなかったかもしれません。しかし「年金＋３００万円」計画においては、それではまずいのです。再就職、起業、再雇用、いずれにしても、**「自分は何ができる人なのか」をプレゼンできるように整理しておきましょう。**

次の手順で考えてみてください。

①「自分ができること」をリストアップする。できるだけ多く、10項目をメドに

②「強み」という基準で上位3つに絞り、「強み」順にする

③なぜその「3つ」になったのか、それぞれの理由、背景を140字程度ずつにまとめる

④「3つの強み」を、もっとも必要としているのは誰か、推測する

⑤その「誰か」に対し、自分を商品として売る場合のキャッチコピーを考える

⑤は重要です。「自分は、何ができる人か」を一言で語るイメージです。一例を紹介すると、

・1億円規模のシステム開発のPM（プロジェクトマネージャー）経験が豊富で、とくにトラブル対応（火消し）に強み。

・営業部長としての6年間で、売上を20億円から35億円まで伸長、粗利も2・2倍に伸ばした。自らテレアポをして見込み客を発掘、案件化させるベタな営業、とくに若手が尻込みしそうな新規開拓、クレーム対応に強み。

といった感じです。自分を売り込む際のキャッチコピーを考えてみましょう。

④エビデンス（職務経歴書）を作る……ボリュームは多めに！

50歳になったら、とくに転職活動をするつもりがない人でも、65歳からの「年金＋300万円」計画のために、自身のスキル、実績の高さを証明するエビデンス（証拠）作りに着手しましょう。

長年のキャリアの棚卸しにもなるし、振り返ることによって「自分は何ができる人なのか」の輪郭が浮かび上がるでしょう。まんざらでもなかった自分に自信を持つきっかけになるかもしれません。

「自身のスキル、実績の高さを証明するエビデンス」というのは、具体的には**「職務経歴書」**です。ネットで検索すれば、各エージェントがテンプレートやサンプルを紹介しているので、参考にして、まずは書いてみましょう。

本書では2ステップの書き方を提唱します。

まず、ネットで検索したテンプレやサンプルを参考に、下記の要領でドラフト版（下書き）を作成します。

(1)ドラフト版

【職務要約】

2〜3行で、前出(91ページ)の「⑤その『誰か』に対し、自分を商品として売る場合のキャッチコピーを考える」をベースにして、要約します。

【職務経歴】

ここは、営業職であれば「担当業務/担当商材」、「担当エリア/領域」、「担当顧客」、「実績」、「ポイント」、「特記事項」といった項目でまとめましょう。

総合的、相対的に高い「実績」でない場合は、「会心の受注」、「顧客から感謝された仕事」を前面に出すイメージで記載します。

他の職種であれば、「どこで」、「誰に対し」、「どんな仕事を」という切り口でまとめます。

その後は同様に「実績」、「ポイント」、「特記事項」という流れにすればいいでしょう。

【PC、ITスキル】

Word、Excel、PowerPoint、Salesforceなどで何ができるかを記入します。パワポなら、たとえば「PowerPoint（提案資料、企画書、顧客向け資料、社内向け資料、スライド作成）」。

【資格】

持っている資格をインパクトのある順に。

【自己PR】

3点に絞った箇条書き、もしくは文章で。

ドラフト版を、雇用する側から見て魅力的と思えるような実践版にブラッシュアップしていきます。

(2) 実践版

私たち日本人は、自身を過小評価している傾向が強いです。

そこに例の「思考停止」が加わり、合併症を起こしているために、**本当はできる人なのに、職務経歴書が「のっぺらぼう」で魅力的に見えない人が少なくありません。**

雇用する側は「できる人」が安い報酬で来てくれるのでラッキーですが、それでいいのでしょうか?

せめて実力通りの待遇で迎えられるようなツールを、準備しなければなりません。そのための実践版にしたいのです。

ドラフト版を、次の要領で磨き込んでいきましょう。

【職務要約】

ドラフト版を、「（相手の）会社にどのように役に立てるか」、相手が明確にイメージできる表現に修正します。

【職務経歴】

ドラフト版で作成したものを、人事系の役職者や元役職者、経営者や転職エージェントなど、日々採用に携わっている「採用のプロ」に添削してもらいましょう。ここは数名のプロの目を通して、できるだけバージョンアップしておきたいところです。

「50代転職」のプロであり、マネジメント層に特化したエージェント「経営者JP」の井上和幸代表は、バージョンアップの鉄則を以下のように教えてくださいました。

① 職務経歴書の枚数

× 1~2枚にまとめる。

○ 50代の転職の場合、職務経歴書のボリュームは多いほうがベター（詳細が分かる記述が欲しいため）。

② **表現**

× （例）「当該期間中、部長として営業開発部を率い、たぐいまれなる実績を上げた」

○ 形容詞は避けて**「ファクト（事実）&ナンバー（数字）&ロジック（論理）」**で記載してあると効果的。

たとえば、

「売上18億円の同部に着任後、ラージアカウントを担うチームと、エリア内で中小口顧客を担当するチームを編成。同時に新規顧客開拓は部長以下マネージャー全員に売上目標を割り振り、管理職マターとするだけでなく、MA強化、インバウンド強化を図った。また、業績の高い営業パーソンの提案書、営業トークを共有化し、テンプレート化することにより営業スキルの底上げに注力した。

その結果、初年度から売上20%アップを果たし、3年間で売上32億円まで成長させた」

③ **古い順か、新しい順か**

△ 古い順。

○ **新しい順。採用側が知りたいのは、現在から遡《さかのぼ》って5年～10年のため。**

【PC、ITスキル】

苦手意識があっても一通りは使えるように、50代で準備しておきたいものです。時間はたっぷりありります。

【資格】

記入するものが運転免許程度なら、見栄えをよくするために項目を【資格・特技】にするといいでしょう。大学院卒の方は【資格・特技・学位】にするといいでしょう。

ここが空欄ではなく、数行書いてあると、読んだ人の目に留まります。

【自己PR】

ここがクライマックスです。主に職務経歴で述べたインパクトがあるであろう内容を繰り返し、自分がどのように役に立てるのかを、相手の心に働きかけるようにするのがコツです。

【推薦状】

自身のスキル、実績の高さを証明するエビデンス（証拠）作りのふたつ目は、「推薦状」

です。

定年後に転職活動をするさい、職場からの「推薦状」が必要になる場合はもちろんですが、必須ではなくても、**誰に「推薦状」を書いてもらうかを、決めておいてほしいのです。**

ふたつのパターンがあります。

①あなたの実績や仕事ぶりをよく知っている元上司などに依頼する
②あなたのことはそんなによくは知らないけれど、権威のある人に依頼する

もちろん、両者からの推薦状を用意できれば最高ですが、どちらかでもいいでしょう。

推薦状というのは第三者からのものですから、職務経歴書の内容の正当性が評価できます。雇う側にとっては、不要なものにはなりません。

外資の場合は「レファレンスチェック」といって、レジュメ（履歴書と職務経歴書を合わせたようなもの）の記載内容に偽りがないかをチェックするために、前職における2名程度の上司の連絡先（一般的には電話）を求められることがあります。

念のため、推薦状が本当に必要になった場合に備え、盛り込みたい項目を紹介しておき

ましょう。

- 推薦対象者（あなた）との関係
- 推薦対象者の人物像、職務経歴、職務を通した所見（長所、短所）、推薦する理由

といったところです。

4章で述べますが、定年後の再就職活動にはエージェントを通さない裏技があります。そのさい推薦状が強力な武器になります。「自分には関係ないこと」と思わず、心に留めておいてください。

⑤経営者の知り合い、ツテをリストアップし「リファラル採用」に備える

◆中小企業の人材事情を知っておこう

50代でやっておきたい準備として必須なのは、「ツテ」のある経営者をリストアップすることです。

先に「需要と供給のバランス」について触れましたが、**欲しい人材を採用できず、ほとほと困っている中小企業は山ほどあるのです。**

そうした中小企業がまずやるのは、オーナー社長や役員の親戚や人間関係から採用する方法です。素性や人となりは分かっているし、採用コストもかからないので、リクルートなどの採用ビジネスが誕生する前から一般的に行われていたスタイルです。

この方法は、最近**「リファラル採用」**と呼ばれるようになったものの一種ですが、ここではオーナー社長や役員の「ツテ」や「コネ」を想定しています。

たとえばEさんは、ある企業の総務部長で定年になった後、親戚の経営する中小企業の取締役総務部長に就任し80歳まで現役でした。

たぶん役員報酬も1000万円は下らなかったはずです。その後も非常勤監査役として報酬を得ています。

Eさんは自分から頼んだわけではありません。現役時代から「定年後はうちで総務を手伝ってくれないか」と、親戚の経営者から打診されていたのです。

実は、こうした親戚や「近い知人」が経営している会社からの打診は、とても多いのです。

親戚や同級生、同期などの人間関係の中に、こちらのスキルを必要としている中小企業やベンチャー企業があれば、定年後の勤務先の有力候補となります。まずはそのリストアップから始めましょう。

⑥リスクは小さい「一人起業」……顧客をつかんでおく

◆ハードルが下がる考え方

これは希望者以外にもトライしてほしいことですが、50歳になったら誰でも定年後の「一人起業」の可能性について、一度は考えてほしいと思います。もちろん「一人起業」といっても法人化だけでなく、フリーランス、独立自営業者も含めた話です。

起業というのは、たしかに守るべきものの少ない20代、30代が望ましいという面もありますが、**実は定年後の方がよっぽど守るべきものは少ないはずです。**

ここでいう「一人起業」とは、なにも上場を目指してベンチャー企業を興すのではなく、その対極にある**「細々とした一人起業」**のイメージです。自宅レストランや自宅蕎麦《そば》打ちも含まれます。

10年以上前、知人から「父親が定年になったとたんに会社を作った。ほとんど売上はないみたいだけどイキイキとやっている」という話を聞いたことがあります。

たしかに私のまわりでも、定年後に研修会社、人材紹介会社、自宅蕎麦打ち、お好み焼き店、ジャズ喫茶、ワインバーなどを始めた人は、かなりの数になります。

もちろん、それまでサラリーマンだった50代の、「この期に及んでリスク背負って、失敗したらどうするんだ」「資金繰りやクレーム対応なんて冗談じゃない、まっぴら」という気持ちもよく分かります。ですが、自宅で始めればリスクは最小ですし、IT時代になって小さな資本で様々なことができるようになりましたから、どんどんやるように提唱したいと思います。

それでもハードルが高ければ、**出身企業と歩合で業務委託契約を結ぶ**という手もあります。営業職に多いパターンですが、平均的な営業力のHさんは、定年後でもコンスタントに600万円ほどの収入になっています（オフィスもアシスタントも前職の会社持ち）。

さて、一人起業や独立自営への道ですが、準備として欠かせないのが、**起業のターゲットになる顧客を現役時代に開拓しておくこと**です。これなら不安はないでしょう。会社によっては「のれん分け」のように、取引先を分けてくれる場合さえあります。

なお、これは一人起業ではありませんが、「顧客開拓としてアプローチした会社から入社を頼まれ再就職」となるケースも少なくありません。

⑦フロー型かストック型かを決めておく

◆働かなくてもいい人の場合

ここまでは定年後も働く前提での提案をしてきましたが、働く必要がない人もいるでしょう。

前者を「フロー型」、後者を「ストック型」としておきましょう。

共働きで子供が独立していたり、子供を持たない夫婦であれば、50代でさらに「ストック化」を進めれば、60代であえて働く必要はないかもしれません。

50歳になったとき、自分、あるいは夫婦が60代を「フロー型」、「ストック型」のどちらで暮らしたいか、方向性だけでも決めておきたいものです。

既婚・未婚、子供の有無、親からの相続などは人それぞれなので、状況に応じて選択するのがいいでしょう。

⑧居場所と生きがいを10年間でつくる

◆とくに「ストック型」の人には大事になる

「年金＋300万円」という提案に対して、「いやいや、そういうことじゃなくて、お金とは関係ないところで何かに貢献したいんだ」という人もいるでしょう。NPO法人を立ち上げたり、ボランティア組織に入って活動したいという人も少なくないでしょう。

何をすることが自分にとっての「生きがい」なのか、会社以外の自分の「居場所」をどこにしたいのかも、50歳からは考え始めておきたいところです。

というのは、「年金＋300万円」は目的が明確なので、まっしぐらに進めばいいのですが、先の「ストック型」を選択する人、とくに働く必要がない人にとって、新たな居場所や生きがいが非常に大事になってきます。それらがないリタイア後ほど退屈なものはないと、諸先輩は嘆いています。

「居場所」といっても、それがスポーツジムだったりすると「スポーツジムが老人介護施設化している」と、後進から顰蹙《ひんしゅく》を買う事態になってしまいます。

「フロー型」を選択しようとしている人や、「ストック型」でも65歳以降の居場所や生きがいを50代の今からイメージできる人はまったく問題ありませんが、もう一つイメージできない人は、50歳から試行錯誤をスタートさせてはいかがでしょう。

たとえば、K内さんは50歳でメーカーの支店長として単身赴任となり、一人の時間を使って囲碁を始め、かなりの腕前になっていました。55歳で役職定年になったときには、長時間労働からやっと解放されたということで、学生時代からやってみたかったテニスを本格的に始めました。ネットで週末の市営テニスコートを予約し、プレーする相手もネットで毎週募集するほどの凝りようで、仕事、囲碁、テニスの生活が気に入っていました。

K内さんの場合、囲碁は人から薦められて始めたものでした。テニスは「学生時代にやってみたかったけど、やらなかった」ということで、過去が影響しています。

居場所や生きがいは、人付き合いや、自分の生きてきた過去をきっかけにして浮かび上がるものかもしれません。

⑨ 夫婦、パートナーとの〝ダブルス〟を今のうちに模索しておく

◆長い「ダブルス」が始まる

50代というのは、役職定年で収入が変動したり、定年後のことを考え始めたり、子供のいる家庭では以前ほど手がかからなくなったりするため、夫婦やパートナーとの関係も新たな局面を迎えます。

そのときに重要なのは、テニスに例えてみれば「50歳からの夫婦やパートナー関係は『個人戦』でそれぞれが別々に大会に出場しているような状態ではない。『ダブルス』でこれからの長い人生を歩んでいくのだという前提に立って練習をスタートさせる」という発想の転換ではないでしょうか。

「ダブルスの練習」というのは、二人で行うことをどんどん増やしていくという意味です。

それまでお互い忙しくてすれ違いが多少なりとも生じていたとしても、意思疎通がスムーズにできる土壌を、ここで作っておきたいのです。

気持ちをつなぎ直すといってもいいでしょう。定年後ではなく、50歳から準備を始めたいものです。

相手は、最初は「急にどうしたの？」、「誰の影響？」、あるいは「何が狙い？」などと冷ややかかもしれませんが、結婚したくらいですから、共通の趣味や好みが必ずあるはずです。

結婚前に一緒に楽しんだことや、新婚時代に過ごした時間を振り返って共通項を見出してはどうでしょう。

テニス、ゴルフや楽器演奏、旅行、野菜作りといった共通の趣味があれば最高です。映画は、どちらかが50歳以上だと「夫婦50割引」で一人１１００円で観ることができます。前後の食事が割引になる商業施設もあります。

「ダブルスの練習」は回数が大事です。夫婦で過ごす機会を50代のうちに増やしてみてはいかがでしょうか。

F井さんも、50歳になってからテニスを始めました。スクールに通い始めた直後に、それまでラケットも握ったことのなかった奥さんを誘い、今は友達も誘って夏合宿を企画するなど、どんどんテニス仲間が増殖しているようです。

奥さんもだんだん強いサーブが打てるようになるなど、テニスが楽しくなったようで、「最近では道具選びにもうるさくなってきた」そうです。元ゴルフ部だった奥さんによれば、「ゴルフは一日かかるけど、テニスはかかっても半日なので手軽でいい」。

F井家の場合はテニスでした。映画、スポーツ観戦、旅行、美術館めぐり、楽器演奏、習い事、ボランティアなどいろいろありますが、共通するのは「回数が大事」ということです。

50代を卒業した後、「夫婦のダブルス生活」がいよいよ本格的にスタートします。その助走を、今からしておきましょう。

4章 《実践篇》 50歳からのキャリア戦略と最強の裏技

この章では50歳以降のキャリア事情をふまえ、どのようなキャリア戦略を描けばよりよい65歳以降が迎えられるか、具体的なご説明をしていきます。

ただし、慣習として天下り先が用意されていたり、ヘッドハンターから声がかかって年収2000万円とか3000万円のオファーがある人向けではありません。

あるいは、人材バンクに登録しておけばそれなりのオファーが来るであろう人は、そのままそちらで進めて頂ければと思います。

50代では、そうした「転職強者」はごく一部です。

ここでは転職強者には当てはまらない場合のキャリア戦略、裏技を紹介します。

キャリア戦略の前に、ふたつのことをお話ししておきます。

◆まず、その職種が「売り手市場」か「買い手市場」かを知る

2章で、技術者と事務方の人とでは市場価値が大きく異なると述べました。

さらにいえば**職人系、現業系、ドライバー系、飲食系、介護系、ガードマン等の保安系は、恒常的な人手不足です。**

2020年1月に発表された厚生労働省の「有効求人倍率トップ10」は、こんな顔ぶれです。これは「人手不足の業界トップ10」を意味しています。

ちなみに有効求人倍数というのは、1を上回れば人を探している企業が多く、下回れば仕事を探している人の方が多いということになります。

1位：建設躯体《くたい》工事の職業　12・40
2位：保安の職業　8・14
3位：採掘の職業　7・41
4位：建築・土木・測量技術者　7・34
5位：土木の職業　6・33
6位：建設の職業　5・94

7位：外勤事務の職業　5・23
8位：医師、薬剤師等　4・66
9位：生活衛生サービスの職業　4・46
10位：機械整備・修理の職業　4・25

7位の「外勤事務の職業」は、検針や集金などです。
まさにメディア報道の通りという印象ではないでしょうか。

反対に、人が足りている業界、つまり「転職、再就職の倍率、難易度が高くなる業界トップ10」は、次の通りです。

1位：その他の運搬等の職業　0・20
2位：一般事務の職業　0・36
3位：美術家、デザイナー等　0・39
4位：事務用機器操作の職業　0・49
5位：製造技術者　0・71

6位：船舶・航空機運転の職業　0・74
7位：その他の専門的職業　0・78
8位：生産設備制御等（機械組立）　0・81
9位：営業・販売関連事務の職業　0・91
10位：居住施設・ビル等の管理の職業　0・92

堂々1位の「その他の運搬等の職業」がピンとこないと思いますので補足しておくと、「厚生労働省編　職業分類」ではピッキング作業員、選果作業員、商品出作業員、病院用務員、イベント会場設営作業員、学校用務員と定めています。

この業種別の有効求人倍率の高低の差が、いわば市場の現状ですから、売り手市場なのか買い手市場なのかを見据えた上で、有効なキャリア戦略を展開したいわけです。

◆次に、4つの中から自分のタイプを知る

次に、50代の転職や定年後の再就職は、新卒の就活や20代～30代の転職とはまったく異なるという理解をしておきましょう。

すでにお話ししたように「学歴よりキャリア」ですし、新天地の見つけ方も、待遇も非

常に多様で十人十色だということを忘れないでください。

それまでは許されることのなかった、週3日勤務や兼業、繁忙期だけのヘルプの勤務も、交渉次第で可能になるのです。

正直にお話しすると、この有効求人倍率にも表れているように、60歳になろうが、65歳になろうが、仕事なんていくらでもあります（「職種を選ばなければ」という条件付きですが）。もちろん、皆さんに提案するのは「職種を選ばない戦略」でなく「職種を選んだ上で、極力希望にかなうという前提でのキャリア戦略」です。

「60歳を過ぎると新入社員並みの給料の仕事しかない」、「希望する仕事がなかった」という理由で、**「とりあえず古巣の再雇用を利用して、65歳になったらまた考える」という人が多いのが現状ですが、よりよい「もう一つの可能性」に気づいて頂けることを期待したいと思います。**

一般論に踊らされずに60歳以降のキャリアを設計するために、マトリクスを用いて、ご自身が希望するタイプを把握しておきましょう。

ここでは4つのタイプを紹介します。グラフのタテ軸は、収入を優先させたい「経済価値優先」か、収入より「やりがい」や「自己効力感」を優先させる「経済価値以外優先」

【一般論に踊らされないためのキャリアマトリクス】

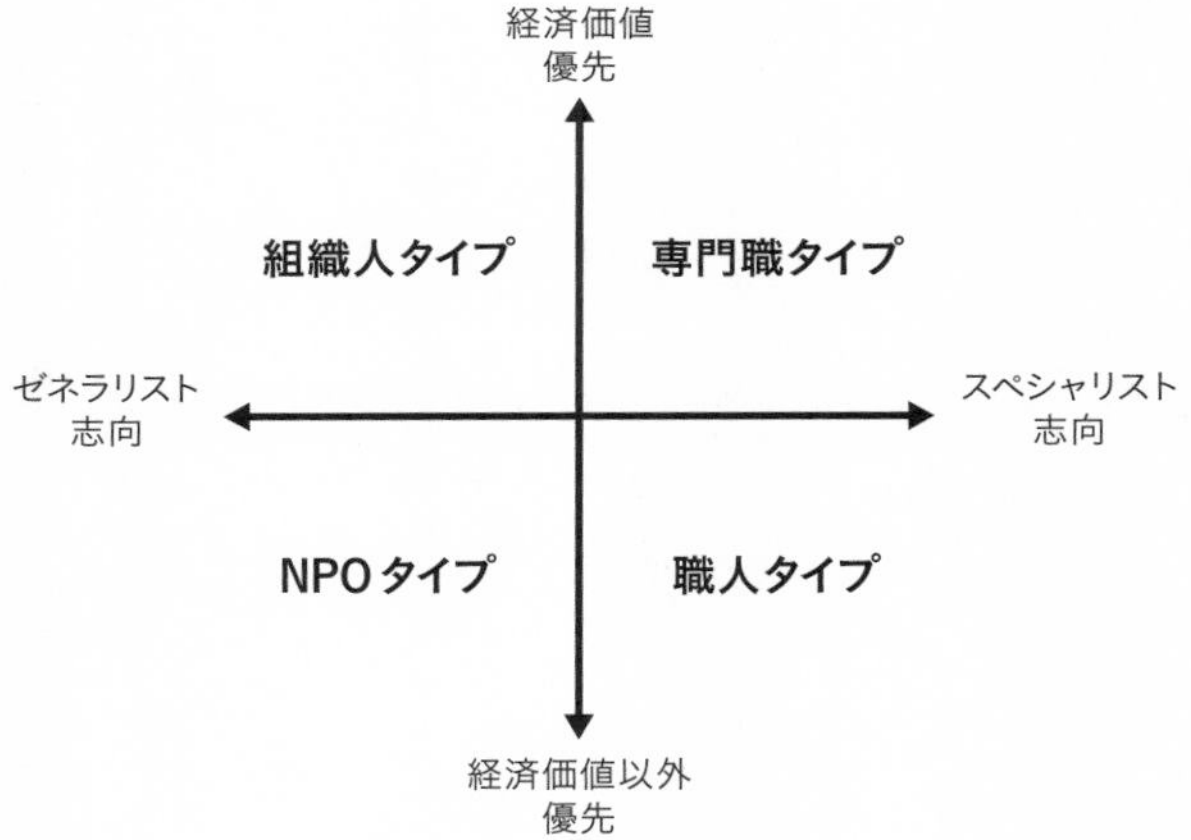

かを、横軸は技術やスキルなど専門性を活かしたい「スペシャリスト」か、管理職やチームリーダーとしてのマネジメント力を活かしたい「ゼネラリスト」かを表しています。

第1象限は、経済価値を優先させ、スペシャリスト志向で60歳以降を過ごしたいグループです（**「専門職タイプ」**）。その技術やスキルを欲しがっている中小企業やベンチャー企業に転職するか、場合によっては起業、独立自営、フリーランスとして働くタイプです。

第2象限は、経済価値を優先させますが、ゼネラリスト志向であるため**「組織人タイプ」**です。起業、フリーランスという選択はないので、管理職を求めているベンチャー起業や中小企業を想定しています。小さな会社や事業を買って自ら経営するという選択肢も市民権を得つつあります。

第3象限は、経済価値以外を優先させ、ゼネラリスト志向であるため**「NPOタイプ」**と命名しました。リーダーシップや調整能力、組織運営能力を活かして、NPOやボランティア組織で活躍するイメージです。

第4象限は、経済価値以外を優先させ、しかもスペシャリスト志向です。命名が難しかったのですが、ここでは**「職人タイプ」**としました。

といってもいわゆる大工や植木職人ではなく、3次元CADでのプラント設計、次世代メモリー技術といった高度な技術を持っているものの、組織では一匹狼的な存在だった人が、「常勤はイヤだけど週2~3日なら手伝ってもいい」というケースです。

さて、近い将来の話ですが、あなたはどのタイプがしっくりくるでしょう? まずは「自分が志向するタイプはこれだ」と、押さえておきましょう。

ではここから、「攻撃型」、「守備型」という言葉を使って、それぞれのバックグラウンド、希望する生き方、タイプに見合ったキャリア戦略を紹介します。

①「強者以外」のための戦略

◆「偏差値52・5の強み」でOK！

キャリア戦略の「戦略」というのは、経営戦略や営業戦略の「戦略」とまったく同じ意味です。

まず「戦略」を定義しておくと、競争優位性（強み）をどのような領域で発揮するかを計画すること、つまり、「どういう土俵で強みを発揮するか」を計画するということです。

これをキャリア戦略に当てはめると「どういう土俵であなたの強みを発揮する計画を立てるか」ということになります。

誤解してほしくないのは「強み」というキーワードです。自身の「強み」と言われると、私たちはどうしても「絶対的な強み」をイメージしてしまい、「それほどのものはない」と反応してしまいがちです。

しかし、そもそもそういう「絶対的な強み」を持っている人は、サラリーマンを続けてはいません。

「相対的な強み」よりさらに弱い、偏差値でいえば「52・5」程度以上で大丈夫です。

そして、ここでもっと重要なのは「どういう土俵で戦うか」の選び方です。

たとえば、オリンピックの女子マラソンで、2大会連続でメダルを取った有森裕子さん。彼女はリクルートの後輩で、一緒に企業研修の仕事をしたことがあるので知ることになったのですが、大学卒業までまったくの無名選手で、国体で入賞どころか高校総体に出たことすらありませんでした。

実業団のレベルにはまったく達していなかったにもかかわらず、たまたま教育実習中に引率した大会で自己ベストに近い記録が出てその気になり、新設したばかりでもっとも門戸が広かったリクルートに自分を売り込んだのです。

面接の冒頭で故・小出義雄監督は、「あのね有森さんね、僕これほどまでに実績のない人と会うの初めてなんだよね」と、まったくの無名選手と面接してしまったことに気づくわけです。しかし、監督も本社も「陸上部のマネージャーとして使えるのでは」と判断し、採用したのでした。

さて、「どういう土俵で戦うか」の話に戻ります。

有森さんは名門チームではなく、創部間もないリクルートという土俵を選んだので、社会人チームの一員となれたのです。「戦う土俵」としても、中距離ではなくマラソンを選んだから頭角を現すことができたのです。

これが「強者以外」の戦略です。「相対的な強み」が「かろうじてレベルの強み」だったとしても、**とにかく戦力として期待してくれそうな「土俵」はどこか、徹底的に考えることがポイントになります。**

どういう規模のどのような特徴を持った組織でなら、自分の「相対的な強み」が活きるかを考えましょう。

そのさい、**お目当ての企業や団体が従業員の募集をしていなくてもかまいません。**

まずは、そうした企業や組織にたどり着くことの方が重要なのです。なぜなら、募集していなくてもアプローチする方法があるからです。具体的には、このあと解説する「攻撃型」戦略です（128ページ）。

理想の再就職を果たした人は私のまわりにも少なくありませんが、それは「たまたま」ではなく、戦略と行動による結果なのです。

②最強の「リファラル採用戦略」

◆これがメインの戦略になる！

「リファラル採用」という言葉を聞いたことがあるでしょうか。

初めての方はぜひ検索してみてほしいのですが、一言でいうと「社員の紹介による採用手法」です。「縁故採用」、「コネ採用」に近いニュアンスです。

入社が決まれば、紹介をした社員に10万円とか、管理職ならそれ以上のインセンティブを支払う企業も少なくありません。

新卒の「縁故採用」、「コネ採用」には微妙な響きがありますが、「リファラル採用」は国内の外資系企業などでは昔からやっていた採用手法です。近年では日本企業にも広がりつつあります。

仕事のスキルや技術だけでなく、性格や人間性、人となりまで紹介者によって担保されているので、ミスマッチが少ないだけでなく、採用コストが大幅に削減できるメリットもあります。

50代の再就職や転職においては、このリファラル採用を含め、縁故や何らかの「ツテ」による転職が、年収を激減させないための方法と言えるでしょう。

あるメーカーの販社の部長を60歳で定年になったI田さんは、定年後の準備はしておらず、あまり深く考えないまま再雇用を申請していました。

ところが、I田さんの定年を聞きつけた、かつての取引先から「営業系の顧問」でのオファーがあったのです。定年予定日の2～3カ月前の話です。

まさに瓢箪《ひょうたん》から駒、年収も再雇用よりずっといい条件でしたし、仕事もかつて営業管理職として扱ったことのあるサービスだったので、何の迷いもありませんでした。

I田さん以外にも、数えきれないくらいの事例を知っていますが、**現役時代に近い収入を得ている人の再就職は「ツテ」や「リファラル採用」によるものが最多**という感触を持っています。

ヘッドハンターから声がかかる人や、転職エージェントに登録さえしておけばオファーが来るような人はともかく、そうではない場合、とくに50代以降となるとエージェントに登録してもタイミングが合わなかったり、希望に合う求人がなかったり、前に進まないケースも少なくありません。

そうしたリスクを避けるには、「ツテ」を利用した再就職活動の道があるということを、選択肢に必ず入れておいてください。

これといった「売り」もないし、転職エージェントも本気になってくれないような「非転職強者」にとっては、「ツテ」や「リファラル採用」が主要なキャリア戦略になるに違いありません。

では、「ツテ」や「リファラル採用」は、どんな所からもたらされるのでしょうか？

よくあるケースとしては、

①かつての取引先、かつての顧客
②かつての上司、先輩、同僚、部下、後輩
③友人、知人、親戚の会社、関係先

などになります。

ではどうすれば、そうした「ツテ」による再就職や「リファラル採用」が実現するのでしょう?

唯一絶対の方法があるわけではなく、いくつかのパターンがあります。

ここでは3つのパターンを紹介します。

◆「まわりが放っておかない」ケース

まず、もっとも理想的なパターンです。

これは先のI田さんのパターンで、「まわりが放っておかない」ケースです。

かつて一緒に仕事をして、その仕事ぶりやスキル、技術力を目の当たりにした中小企業や大学関係者から声がかかるケースが多いです。

声をかけてもらうためには「自分が定年になる」ということと「ぼんやり再雇用を考えているが……」ということをアナウンスしておく必要があります。

それがダイレクトであっても人づてであっても、相手の耳に届けばニーズに応じてオファーとなるはずです。

◆「人脈メンテナンス」が生きるケース

次に、もっとも汎用的なパターンです。

この方法は、先にお話しした「50歳になったら〝全方位での〟社内外の人脈の構築とメンテナンスが欠かせない」ということが伏線になっています。

メンテナンスというのは、ひとかどの人物になっているかどうかにかかわらず、まずは疎遠になってしまっている人と、直に会って旧交を温めることです。

その席でも次のタイミングでもかまわないので、定年後の再就職の話題を出してみることです。その場で、相手の知人が「あなたのような人材」を探していることが分かれば、どんな会社なのか、前に進めるのか、その場の話で終えるのかを考えながら話すことになるでしょう。

実はこの、なんの変哲もない、なにげないやり取りで、再就職先がバンバン決まっているのが今の日本です。

◆「ハブ的な有力者」を介するケース

最後は、人脈のハブ的な信頼のおける人物への再就職の率直な相談です。その人物が直に再就職先を紹介してくれる場合もあるでしょうし、誰かを介した間接的な紹介になるケースもあります。

私の大学時代のクラスメートのJ島氏は、1年の間にこのパターンで2回も転職して、結局3年前に早期退職した会社に出戻りしました。

最初の会社の部長職を早期定年の割り増し退職金をもらって辞め、50代前半でオーナー企業に転職するも、オーナーと合わず別の会社に転職。そこは1年ももたずに古巣に復帰したのです。

最初の転職こそエージェントを通してでしたが、次の転職は最初の会社の後輩への相談、その次の転職は最初の会社の先輩への相談で決まっています。

最終的に割り増し退職金をもらった会社に戻れるのですから、力のある人への相談は威力絶大ということです。

③「攻撃型」戦略

◆スペシャリスト、人脈の豊富な人に超！ お薦め

「攻撃型」再就職戦略というのは文字通り、攻めの再就職活動を自ら積極的に、能動的に行うことです。

メリットは、自身の希望する職種、待遇に近い再就職先に出会う確率が高くなることです。デメリットは特にありませんが、人によっては前のめりになって積極的に再就職先への転職活動をしたにもかかわらず、いい結果を得られなかった場合、無力感が募る可能性はあります。

先のマトリクスの4つのタイプに対応しますが、**特定のスキル、技術、資格、経験を持っている人、あるいは人脈の豊富な人には特に向いています。絶対にお薦めします。**

反対に、それなりのエネルギーも必要となるので、そんなに積極的には再就職活動を必要としていないという人には不向きでしょう。「なんか、がっついているみたいでカッコ悪いな」という思いが湧いてくる人にも向きません。

◆「その手があったか!」……2つの方法

ここではふたつの方法を紹介します。

① オーナーに「3点セット」を送る

まず、ぜひ試してほしいのは、自分のスキルや技術を活かせそうな中小企業、できればオーナー企業の社長（もしくはオーナー）にダイレクトに手紙、履歴書、職務経歴書の3点セットを送付し、面談を依頼する方法です。

これは、昔からある伝統的な裏技です。この方法を知っているか否かで、60歳以降、65歳以降の人生に大きな差が出ていると言わざるを得ません。

「面識もないオーナー社長に、いきなりそんな3点セットを送り付けるなんて、無礼というか迷惑じゃないかな？　本人の手に渡ったとしても開封されずにゴミ箱行きだろう」と思う方も多いかもしれません。

ところが、実際は違うのです。

この方法をこの本で書くにあたって、私は知り合いの売上10億円から100億円の企業のオーナー社長や会長に片っ端から、「この3点セットを開封するか、面談するか、よければ採用するか」について聞きまくってきました。

ほとんどのオーナーが、開封まではします。

このとき重要なのは、**封筒は高級なものを、**切手もシールタイプのものや記念切手を使うことです。**オーソドックスな切手は使わない**といった配慮はしておきたいところです。

宛名書きは必ず手書きにします。これをPCからプリントアウトしてしまうと開封されないリスクが出てきます。

手紙自体も極力手書きをお薦めしますが、極端に字が下手な人（私もその一人なので、ご安心を）は最悪の場合、文面は印刷でも**署名だけは直筆**にしてください。

参考までに文面の構成例を示しておきますので、ご自身用にアレンジして使用してください。

構成は以下の通りです。

- 手短な挨拶
- 相手の会社に興味・関心を持った理由（ここがキモ。できるだけ具体的に）

・この手紙の用件
・簡単な自己紹介
・面談依頼（後日電話する旨）
・履歴書、職務経歴書同封の旨

さて、ほとんどのオーナーが開封するとお話ししましたが、その先は「会う社長」と「会わない社長」に二分されます。

会う社長は、

「自ら売り込んでくるような人には会ってもみたいし、よければ条件次第で採用もする」

のだそうです。試用期間もあるので、リスクも感じないそうです。

開封はするものの、会わない社長の理由としてもっとも多かったのは、

「欲しいスキルを持つ社員は、ツテやリファラル採用など、別の方法が確立しているので、あえて会う必要はない」

というものでした。

このあたりは、非上場か上場かによる採用のしやすさの差も多少影響するという印象でした。

「いきなり3点セットを送り付けて、採用に至るものなのか?」

と、いぶかしく思った人もいると思います。

しかしそれ以上に、中小企業というのは人が採用できないのです。もはや、面接で合否を決めるのではなく、面接に来た人を採用するしかない業界もあるのです。しかも、そこで採用した人が3カ月以内に辞めてしまうような業界もあります。

つまり、求人していないのではなく、

「いくら採用広告にお金を使っても、エージェントに依頼しても、戦力となる人を採用できないので、採用活動をやむなく休止しているという中小企業が山ほどある」

ということを、忘れないでください。

ですから、50代の人からの手紙であっても、そのスキルや技術を必要としている採用弱者の中小企業には、「渡りに船」となるケースも往々にしてあるのです。

この実情をキャリア戦略に活かさない手はありません。ちなみに同期のU氏は100通手紙を書いて、返答のあった3社のうち1社に決めました。

これは特別な例で、ターゲット企業が100社もない場合も多いでしょうし、100社となると気持ちも萎えてしまうので、**まずは10~30社程度のターゲットを見つけ、心とき**

めく数社に3点セットを送るところからスタートしてはどうでしょう。

ターゲットの見つけ方については、この後でお話しします。

② 業務委託で専門スキルを活かす

次は、先のマトリクスでいうと「専門職タイプ」に近いのですが、業務委託でスペシャリストとしてのスキルを活かそうとする方法になります。

IT業界ではBP（ビジネスパートナー）、設備系では協力会社と言われる立場です。共に人手不足で困っている業界ですので、50代でも60代でも人材が欲しいのです。

ちなみにIT業界では、PM（プロジェクトマネージャー）は自社で立てるとしても、プロジェクト全員を自社の技術者で賄おうとすると利益が出ないので、より安価なBPさんやエルダー社員(再雇用の社員)を使ってプロジェクトを回しているケースがほとんどです(「ITゼネコン」と言われます)。

ここでポイントになるのは、プロジェクトベースでBPさんをアサインする場合、**人事部を通さず、現場の判断で依頼が可能になるケースが少なくない**ということです。

かつては独立自営業者のBPさんがたくさんいたのですが、最近、大手のシステム会社で調達を通さなければならない場合、個人自営業者への業務委託は不可で、法人化していないと発注できない企業もあるので、注意してください。

法人化されていれば一人企業でもまったく問題ないので、そのために法人化してしまえばいいわけです。私が創業した頃は、株式会社の最低資本金は1000万円、有限会社が300万円でした。現在は最低資本金は廃止されたので1円でも可能です。

設備系は、どこの組下に入るかによりますが、大手でなければ自営でもかまわないケースもあります。

この業務委託のメリットは何といっても**報酬が魅力的**なことです。経費が認められているため、サラリーマン時代とは異なる**税制でのメリットも考えられます。**

◆ターゲット企業の賢い見つけ方

「攻撃型」再就職戦略を、どういった企業に仕掛けるか？

つまり再就職したい企業をどのように見つけ出すか。

ここでは5つの方法を紹介します。「これならできそうだ」と思うことから始めてみましょう。50歳からのスタートであれば、時間はあります。焦る必要はありません。

ターゲットは、ご自身のスキルや技術が活かせる中小企業です。新卒の人気就職先ランキングのベスト10に出てくるような知名度のある企業ではありません。

だからこそ探すのが難しいのですが、実は世の中には独自の強みを持っていて、下手をすると**同業界の大手より年収レベルの高い中小企業が存在するのです。**

これはリクルート時代に学んだことです。ある意味、リクルートは日本でもっとも中小企業やベンチャー企業の浮沈に詳しい会社だったかもしれません。実際に自分が訪れた数千社の中小企業に加えて、「おもしろい会社がある」というのは社内で共有されていたので、それなりの知見となりました。

その経験をもとに、皆さんがアプローチすることになるターゲット企業の探し方を紹介します。

① 自分で探す

誰もが思いつくのが、求人サイトから自身のスキルの活かせそうな中小企業を見つけることでしょう。2~3年継続するなら、それもいい方法になります。

しかし、優良な中小企業であっても、タイミングによっては求人サイトを利用していなかったり、エージェント利用に切り替えてしまったり、そもそも求人していないケースも出てきてしまうのです。

そういう背景があるため、ご自身のスキルが活かせる業界や希望する業界の企業が、製品やサービスをプロモーションしようとしている媒体や機会を利用するのが、もっとも合理的な方法となります。媒体であれば**業界誌（紙）や専門誌**ですし、機会であれば**展示会や見本市**になるでしょう。

たとえば、あなたのスキルや技術が活かせる業界が**「建材業界」であれば、個人が注文住宅を建てるさいに買うであろう雑誌の商品広告を利用するのです。**

商品広告を出している建材メーカー、海外の建築資材の輸入代理店等、できるだけ多くの会社から絞り込みたいので、数多くの雑誌の揃った図書館で大量の情報を集めるのがいいでしょう。

展示会や見本市は、一同にたくさんの企業が集結しているし、何といってもそこには従業員がいます。どんな会社なのか、どんな人が働いているのかが明確になるので、お薦めです。

国や自治体もかなりの予算を取って中小企業支援のための見本市を毎年開催しています。業界ごとの見本市も多いので、その機会も活かしましょう。

次に、ターゲット企業の経営状態を評価しましょう。

雑誌に広告を出せるということは、出版社の与信が通っているという意味で、悪い状態ではないと推測できます。

見本市も、民間企業や団体が主催するものは、1コマ（ブース一つ）の費用も広告料並みですので、ある一定の与信はクリアしていると判断していいでしょう。

さらに帝国データバンクの『**会社年鑑**』などで評点をチェックしましょう。

帝国データバンクであれば、評点が50点以上あれば特に問題ないでしょう。40点台後半も対象になってくるのではないでしょうか。

これらをクリアできたら、どんな会社なのかをネットで検索したり、その会社を知っていそうな人に聞いてみるのもいいでしょう。

そうして、気に入ったターゲット企業の社長に先の3点セットを送付するのです。住所や代表者名は、ネットでも会社年鑑などの媒体でも簡単に調べられます。

②口コミを活用する

組織で仕事をしていれば、口コミという形で様々な他社の話題が飛び交うものです。

もちろん情報の出所は他部署、上司、同僚、部下と様々で、内容もポジティブ・ネガティブ様々です。

「自社を辞めた誰々がどこに移った」とか「取引先の誰々がB社に引き抜かれた」という話も耳にすることがあるでしょう。

再就職が念頭になければ単なる噂話や雑談ですが、再就職時には例のツテやリファラル採用のきっかけになるインテリジェンスに変わることもあるのです。

「C社は○○さんが辞めてしまったので、△△の分野が手薄になって困っているようだ」といった話も、中小企業ではよくある話です。先ほどの諸条件をクリアすれば、「3点セット作戦」のターゲットになるはずです。

③ 業界通に聞く

多くの業界には、情報の集まるキーパーソンがいるものです。

こういういわゆる業界通に、ご自身のスキルを欲しくて困っている企業について、再就職のためとは言わずに雑談的に尋ねる方法があります。たとえば、

「いま、制御系の技術者ってどうなんですかね。欲しいけど取れないとかってお耳に入ってます？」

といったアプローチです（いわゆる「鎌をかける」質問になりますが）。

「あの会社はこういう人材を採れなくて困ってる」と知っている人が、そこについて質問された場合、反応は3択です。堰《せき》を切ったように話すか、「なんで？」と聞いてくるか、「うーん、どうなんでしょうね……」とぼかすかです。

手応えがあった場合、相手との関係性に応じて、信頼できる人物であれば、「いや、ぼちぼち定年が射程に入ってきまして……」と真意を告げれば、間に入って話を前に進めてくれる可能性も出てきます（もちろん、これは結婚と同じですのでお互いがフィットすればの話です）。

④社外の知人との情報交換を生かす

これは同級生、趣味の仲間、マンションの理事仲間、自己啓発セミナーでのコミュニケーションなどを指します。

情報交換といっても、懇親会や飲み会というイメージです。

こうした機会がきっかけとなって再就職先が決まった人を何十人も知っています。私自身も知人から依頼されたり、企業から「大塚さん、顔が広そうだから」と依頼されたケースは数え切れないほどあります。

私の場合は、知人（個人）から依頼されたら、その人に合いそうなヘッドハンターやエージェントを紹介して、その後は個人情報になるのでノータッチにしています。

同級生や知人にヘッドハンターやエージェント関連の仕事をしている人がいれば、間接的でもかまわないので、ツテを利用するのも賢い方法です（相手のメリットにもなります）。

④「守備型」戦略

◆「見つからない」リスクがあるのは、こういう人

この「守備型」戦略は、誰もが想像する再就職活動で、メインは転職エージェントを通して活動する方法です。

ここでは消極的な再就職活動ということで、「守備型」という分類にしました。

「攻撃型」に比べて労力がかからないというメリットがある反面、転職強者以外の人にとっては、条件を下げても転職先が見つからないというリスクがあるのがデメリットです。

ハイポテンシャルな人でも、タイミングが合わないと希望に合った企業がないケースが非常に多いという印象があります。

明確なスキル、技術、実績、経験があって、それほど待遇にこだわらない人には向いています。

一方、これという武器がないゼネラリストで、先のマトリクスの「組織人タイプ」で待

遇にこだわる人は、紹介する先がない可能性があるので不向きといえるでしょう。

◆メインの方法と、意外に効く裏の方法

複数の転職エージェントへの登録からスタートします。求人数が多いもの、職種に特化したもの、マネジメント層に特化したものなど、それぞれカテゴライズされていますので、規模の大きいエージェントと、自分の業界やポジションに特化したエージェントを選んで登録するといいでしょう。

同じエージェントでも、あなたを担当するコンサルタント個人のスキルや個性にも大きく左右されることは想定しておいてください。

メインの方法とは言えませんが、エージェントを通さない方法があります。

先の「ツテ」、「リファレンス転職」のアレンジ系であり、前項「攻撃型」とも共通する部分がありますが、ゴルフや釣り、音楽など趣味の仲間同士、マンションの理事仲間などでも、ひょんなことから再就職につながるケースも散見されます。

マーケティング調査会社の部長を60歳で定年になったK本さんは、現在ジャズ喫茶の雇

われ店長をしています。音楽好きでその店の常連だったK本さんは、高齢となったオーナーからその店を任されたそうです。

また、これは採用する側の話ですが、かつて私とマンションの理事仲間だった元エリート銀行員のU木さんは、準大手の機械メーカーに役員として転籍し、オーナー社長に次ぐナンバー2に昇進した現在、50代となったかつての部下や知人をバンバン採用しています（もちろん、専門性の高い人ばかりですが）。

つまり、転職エージェントに登録するだけでなく、**元上司や同級生など、人脈のハブとなりそうな人に定年後のことを相談しておくのも、立派な戦術の一つ**というわけです。

人に何かを頼まれると負担に感じる人は少なくありません。**しかし「相談」なら話は別です。一肌脱いでくれる人は意外に多いのです。**

このあたりのツボも押さえつつ、再就職の伝え方もスマートにこなしましょう。

⑤「オンリーワン」戦略

50歳からのキャリア戦略で忘れてはいけないのは、「ナンバーワン」ではなく「オンリーワン戦略」のイメージを持つことです。

この章の冒頭でふれた、「どういう土俵で強みを発揮するか」の一つの方法になりますが、「総合力」ではなく、

「新規顧客開拓ならM田さん」

「プロジェクトが火を噴いたときの火消しはN崎さん」

と、名前が上がるような特定の分野で勝負する方法です。

2003年3月に発売されたSMAPの『世界に一つだけの花』は200万枚を超える大ヒットになり、今も老若男女の心を打つ名曲です。2012年には『置かれた場所で咲きなさい』（渡辺和子著、幻冬舎）もベストセラーになりました。

双方に共通するのが「オンリーワン」という生き方です。

そもそも、企業や組織というのは競争社会ですから、社員の「自分らしさ」や「マイペ

ース」なんか許してくれません。私も1年目か2年目の頃、役員の女性が新人に対し「あなた方にマイペースで仕事をされたら、会社は困る」と訓示されたのを鮮明に覚えています（彼女はその後、社長になりました）。

「ナンバーワン」戦略を標榜する企業はこのような発想をするでしょうし、グローバルな競争の中で生き残るためには「ナンバーワン」戦略でなければならない面もあるでしょう。

◆ずっと「ナンバーワン」発想でいいのか？

しかし、50代からの再就職は、その延長でいいのでしょうか？

20年以上前に「人を裁くことに疲れた」と、50代で裁判官を辞め、居酒屋経営を始めた元裁判官が話題になりました。元NHK記者の居酒屋、元電通社員のラーメン店にも行ったことがあります。某民放の記者は、今では競技者向けのダーツバーを経営しています。

無類の蕎麦好きの私にとって、これまでの人生で一番おいしかったのは、焼き畑で栽培した蕎麦をソニーの元デザイナーが打ったものです。2番目は某社の元役員が打ったものでした。

中小メーカーの役員やIT企業の社員から大学講師に転出した人も、私が知っているだけでも片手では足りません。

30数年間、宮仕えをして、「組織人として生きるのは、自分らしい人生ではない」と感じている人は、再就職といっても必ずしも企業を選ぶ必要はないのです。新天地も考えてみましょう。

あなたの「オンリーワン」は何ですか？

書く力
情報を編集する力
開拓する力
表現する力
調整する力
育てる力
修理する力
相手の真意を汲み取る力
人を喜ばせる力
料理の腕前

といったオンリーワンを、どういう土俵で発揮するのが一番ハッピーなのか、じっくり考えてみてください。

⑥学生時代の「志」を活かす戦略

あなたは学生時代、どんな「志」を持って就活に臨み、社会に出たでしょうか。

それを思い出せる人は、軸がしっかりしているという意味で幸せだと思います。

その「志」を遂げられたか否かには、実はあまり意味はありません。今でも持ち続けているということに価値があると思うのです。


なぜここで突然「志」を持ち出したかというと、長い間「組織人の呪縛」の中で生活していると、社会人になった当初はあったはずの「志」にどんどん塵や埃がつもり、いつの間にか、

「あれ、何がやりたくてこの会社に入ったんだっけ?」

という状態になってしまうのです。


50代前半の人たちの同期会や同窓会が「自分のギアダウンを確認し合う場」になってい

たり、「今後、もはやモチベーションが上がることは絶対にないということを共有する場」になっているという話を聞くことがあります。

その最大の背景は役職定年や、関連会社や融資先への転籍、上司がはるか年下になったなど、不条理とも思える組織の論理にあるのは間違いありません。

一方、過去の成功体験をなぞるうちに、いつしか応用のきかないオジサンやオバサンになっていたり、「上」を理由に部下や後輩にダメ出しするのが習慣になっていたり、「最近、名刺が全然減っていない自分」になっているとすれば、残念ですが思考停止からくる老化現象が始まっているようです。

その流れに抗わず、思考停止のまま定年を迎える人生だけは送らないようにしましょう。

そのための武器になるのが、かつての志です。

志のかけらが少しでも残っていさえすれば、この先に対してプラスの兆しをつかみやすいのです。

今、この原稿を書いていて、ある新聞社が経営破綻してしまったとき、友人知人のところを回って部下の再就職先を探し歩いていた元政治部長が会合の席で、

「貧しくても、志高く」

と挨拶されていた姿を思い出しました。

彼によると、かつてあった志は消滅しないものだそうです。長年の組織勤めで塵や埃が積もって見えなくなっているだけなので、それらを落とせば再び輝き始めると。

一度、ご自身の志や歩いてきた過去を振り返ってみましょう。そこから、先々をふまえた「自分だけのキャリア戦略」が、ハッキリ見えてくる可能性は大いにあります。

⑦「社内の人間関係メンテナンス」という戦略

先に「社内、社外の人脈のメンテナンス」について、大まかなところをお話ししました。

ここでは「社内」に絞った人間関係のメンテナンスについて、4点お伝えします。

①「サーバント上司」へのシフトを！

まず、時代の変化への対応です。

昭和から平成にかけて社会に出た現在の50代は、バリバリの昭和型マネジメント、つまり指示・命令型のマネジメントで育てられてきました。

そのため、昨今のゆとり世代、悟り世代のマネジメントが苦手な傾向があります。

そこで、今「サーバント上司」なるものがなぜ人気なのかについて、立ち止まって考えておく必要があります。

「サーバント上司」とは、指示・命令型の上司ではなく**「支援型上司」**という意味の造語です。30代、ゆとり世代や悟り世代に共通しているのは、**「やりがい」**、**「何かに貢献できた」**、

「感謝された」といった自己効力感を感じながら仕事をしたいと思っているということです。

しかも、「やる気のスイッチ」、「頑張る動機」、「これは壁だと感じること」は、人それぞれ違います。そうした人それぞれの課題や直面していることに向き合い、成長できるようにサポートするのが支援型上司なのです。

もしあなたが「指示・命令型」の上司なら、いろいろと反論はあると思いますが、すぐに支援型上司の要素を、できることから取り入れることを強くお薦めします。

というのは、**それがそのまま生き残り戦略になるのです。**

なぜなら、プロフェッショナルの集団でない限り、中小企業では指示・命令型上司では通用しないからです。

ほとんどの中小企業では、現実として、指示・命令型上司など必要としていません。需要と供給の面からも、シフトチェンジしておくのが得策です。

②ダイバーシティ対応

二つ目です。

もし10歳年下の女性が上司になったら、どのように接しますか？

気持ちよくサポートできる人とできない人がいるので、あえてこの設定にしているのですが、ここで問われるのは「グローバルスタンダード、ダイバーシティへの対応力」です。

変化より現状が続くことをよしとする「現状維持バイアス」は誰にでもあるので、昔なら考えられない状況を受け入れるには、わだかまりもあるでしょう。

しかし、ここは大人の度量の見せどころと割り切り、気持ちよく彼女をサポートしましょう。抵抗があればビジネスアワーに限定してかまいません。

「抵抗勢力になると思っていた大先輩が、気持ちよくサポートしてくれた」という意外な事実は、彼女にかなりのインパクトを与えるはずです。周囲も、こういうことは実によく見ています。

この新しく極めて大きな成功体験と彼女との信頼関係が、以後のキャリア戦略と人生に生み出すのは、ポジティブなものしかありません。ここはスマートにふるまいましょう。

抵抗勢力としてプライドを保っても、ポジティブなものは何も残りません。

③ 社内への影響力を強める

社内に「あいつが言うなら」と動いてくれる上司や同僚が何人いるでしょう？

もちろん「○○さんが言っているから」と動いてくれる部下や後輩も含めてです。

「人望」と言ってしまえばそれまでですが、自分のために動いてくれる人が多いというのは、社内で影響力があることを意味しています。反対に、「動いてくれる人なんて思い浮かばない」とか「いない」という人もいるかもしれません。

こうした人間関係は過去の貸し借りからできていることがほとんどで、いってみれば「信頼残高」のようなところがあります。

仕事はできるけれど出世、処世術、社内の人間関係やパワーバランスにあまり関心がない人というのは、意外に多いものです。

こういう人の場合、借りはきちんと返していますが、「貸し借りができたときが人間関係を強めるチャンスだ」といった意識があまりなく、影響力という面で損をしているケースをたくさん見聞きします。

50歳からは過去からの貸し借りを意識して、**「借り」の方が多かったり、「貸し」がほとんどない場合には、誰かのために一肌脱ぐ機会を増やすことを、強くお薦めします。**

④ 社内人脈に「年下」を加える

ベテランになると「その件は、あの人に聞けばいい」と言える存在を社内に持っていることが重要になります。

50代ではぜひ、年下の社内人脈を意識してほしいと思います。

ＩＴやアプリなど最新のメジャーなスキルは一通り押さえておきたいし、若手社員から素直に教えてもらう姿勢も必要です。

どうしても社内の若手に指導を仰ぐのがイヤなら、別の人に教えてもらってでも身につけた方が、再就職では有利になるでしょう。

最近、「新人世代と話が合わないので、あきらめて同世代とばかり雑談している」という声をよく耳にするようになりました。経験豊富な50代たるもの、新人世代ともちょっとした雑談くらいなら楽しくこなせる度量や対人感度が欲しいものです。

コツは、

- 相手が喜ぶ話題を振る
- 素朴な疑問を投げかける
- 共通の話題を振る

といったことです。

「新人に媚びてどうする」と苦々しく思う方がいるのも分かりますが、やはり相手が喜ぶ話題を振るのがうまい50代というのは、新人から見ても話しかけやすい存在です。そこに人間関係が生まれやすくなるわけです。

相手が喜ぶ話題も素朴な疑問も、相手に興味・関心がないと投げかけられません。これができれば、相手は安心していろいろな情報を伝えてくるようになり、関係性が深まることになります。

1万人インタビューでも、仕事のできたベテラン社員は、若手の言うことに興味・関心を持ってよく耳を傾けていたという印象があります。

先日、

「最近、仕事がマンネリ化してしまった」

「チェックする新聞、テレビ、ネットニュースがもう5年も変わってない」

という50代の声を聞きました。

頭が固くなっている危険信号です。

こうならないための特効薬は、30代、20代といった若手との密な交流です。

自身のスキルとマインドをアップデートするためにも、これまで「上」と「横」が中心だった社内人脈に、若手を加えていきましょう。

5章 《ケーススタディ篇》 後悔していない諸先輩に学ぶ

前章まで、心構え→準備→実践と進んできました。

ここで、リアルに50代、さらにその先をイメージでき、この先の設計に希望が持てるようになるために、実際に私がお話を伺った諸先輩の実例を紹介します。

◆21年前、早期定年制を選んだ50代は、60歳で何をしていたか？

21年前（1999年）、一部上場の某専門商社で、45歳以上を対象に早期定年制が実施されました。

おもに50代の50名が対象になりました。

その人たちは、60歳になったときにどんな仕事をしていたのか。50名のうち15名の足跡を紹介しましょう。

ちなみに、かなりの割増退職金が積まれたため、みな数千万円の退職金を手にセカンドキャリアに進んでいきました。

ここでは、①転職組、②起業・開業組、③開店組の3つに分類して紹介します。

①転職組

まず、転職組です。

商社で物流の経験のあるO里さんは、機械メーカーの物流部門に転職し、物流の責任者にまで上りつめました。

K崎さんは同業種の商社の代理店、A生さんは異業種の医療機器の営業、R木さんも営業経験を活かせる企業に転職し所長にまでなりました。

少々異色なのはS木さんで、バスの運転手を定年まで勤めたそうです。

② 起業・開業組

次は、起業・開業組です。

一番成功したのは、プリント基板を日本で設計し、中国で製造する企業を起こしたT崎さんです。早期定年前のスキルと人脈を活かした起業でしたが、会社は順調に成長し、最終的には大手企業に売却しました。その後T崎さんは悠々自適の日々です。

U谷さんはソフトウェア会社のDMを代行する会社を起業しました。

資格系では、S根さんは介護の資格を取り、まったく異業種の介護ビジネスを興しました。

W田さんは社労士の資格を取って開業しました。

少々畑の違うところでは、S藤さんはデザイナーだった娘さんの事務所を手伝い、人事総務の管理職だったY田さんは人材紹介業を開業しました。

③ 開店組

最後は開店系です。

Z藤さんは奥さんが関西出身ということもあって、お好み焼き店を開店し10年ほど営業しましたが、60代半ばになると日々の鉄板の掃除が負担となり、体力的な理由から閉店。好きだった植木屋に商売替えし、70代半ばとなった今も現役です。

A木さん、B生さんのお二人は共にカフェを開店しましたが、20年後の現在は共に閉店しています。

T中さんは焼鳥店を開店、S口さんも地元に戻って飲食店を開店させました。

21年前、会社の早期定年制を期にセカンドキャリアに進んだ50名ですが、起業、開業、開店組が多いことに驚かされます。数千万円の退職金を手にしたことも原因かもしれませんが、逞《たくま》しさを感じます。

転職組も、前職とまったく異なる業界への転身も少なくありません。新天地でより活躍して昇進した人が目につきます。

「会社に残っていたより、ずっといい早期退職後だったのでは」と、外から見ていると思えます。

このケースから私が学んだのは、**予期せぬ早期定年制であっても、なんとかなるどころか、むしろマンネリや思考停止から脱却するチャンスとなり、人はより逞しく生きていけるのだ**ということです。

人は誰しも、そういう環境になればかなりしぶといのだということも、この15人の方々が教えてくれました。

さて、ここからは、セカンドキャリアにはどんなパターンがあるのか、11種類を紹介します。

いずれも、「すごいとは思うけど、自分にはとても真似のできないスーパーマン」や「特殊な才能やスキルのある例外的な人」の話ではありません。すべて、今50代ならこの本を読んでくれていたであろう人たちの、実際のエピソードです。

ご自身に近そうな、「ピン！」とくるケースを参考にしてください。

それらを参考にしながら、50代以降のキャリアを、よりリアルにイメージしてみましょう。

①「大手から中小へ」系

◆まさに「人生いろいろ」

当然のことですが、大手企業出身者にとって、もっとも多いパターンです。

しかしその中味は千差万別です。役員や役員含み、監査役、社外取締役で迎えられる場合もあれば、正社員や顧問といったパターンもあります。

もちろん、正社員で迎えられるケースが最多ですが、待遇には300万円程度から1000万円以上までと、かなりの開きがあります。待遇を気にしなければ、かなりの確率で職場は見つかるでしょう。

ただし、転職先が合わずに、再度、転職活動をする人もかなりの数にのぼります。元の会社を「辞めなきゃよかった」という後悔や「辞めてから分かった元の会社のよさ」というのも、よく耳にする話です。

原因を一言で片づけてしまえば「ミスマッチ」ということになるのですが、それが生まれるのは会社と本人との関係性においてですから、どちらかだけに原因があるということはあまりないのではないでしょうか。

前に述べた通り、**大企業出身者は「守備範囲が狭い」と、中小の経営者からは低く評価されているのが現実です。そのため大企業出身者をあえて採用しない会社もあります。**

反対に、大企業出身者は、「入社前には想定していなかった業務まで任されて困る」と受け止めるのです。

たとえばH方さんは、一部上場企業の総務課長から中堅企業の「人事・総務」に総務課長として転職してきたのに、経理業務の管理まで任せられることになったのです。

不慣れな確認作業でミスを連発して、課員や上司の信頼をなくして意気消沈しているH方課長は「経理まで任されると分かってたら、別の会社を選んだのに……」と後悔していましたが、後の祭りです。

大手マンションデベロッパーの部長から、ビル管理会社の部長に転職したNKさんは、最初はオーナーから「大手で活躍した経験とノウハウを活かして部員を育ててほしい」と期待されていました。

しかし結局、オーナーや部下と合わずに減給までさせられ退職、今度はツテを頼り大手企業の不動産子会社に転職していきました。

大手出身者に関しては、転職先のやり方が前近代的だったり、アナログだったり、その改革を推進しようとしても経営者以外がすべて抵抗勢力になって経営者との板バサミに辟易、というケースも少なくありません。

そこまでいかなくても、「○○ではこうだった」と前社のやり方を話すことをネガティブに受け止めるプロパー社員との確執が、「自分は外様なんだな」と実感するきっかけになったりするようです。

◆業務の「範囲」の確認を！

さて、「大手→中小系」でこのようなミスマッチ、不幸を最小限にするために必ず押さえておきたいのは、転職後に任される業務の「範囲」です。

技術者でも事務方でも営業でも、管理職でないエンジニアでも、部下や後輩の育成や技術の継承を期待される場合が少なくありません。

エージェントや転職サイトを介しての場合、ツテの場合も含め、キッチリと把握し、**転**

職を決断する前に双方（会社と媒介者）から同意を取っておきましょう。

次に、これは営業畑の管理職に限った話ですが、大手から中小に移るとき、必ず数字、つまりは売上を期待されます。

「即戦力」は当たり前で、かつての取引で培った人脈を総動員して業績を目に見えて高めることが求められます。

ここで非常に多いのが、期待される業績を上げられないどころか、プロパー管理職と比較しても低い業績しか上げられない残念すぎるケースです。

もちろん、受注までの足（期間）が長い商談もあります。しかし問題の本質はそういうことではありません。

大手時代は自分の実力で「売っていた」のではなく、会社の看板で「売れていた」という現実に、本人も転職後に低迷するまで気づいていなかったということです。

自分の実力ではなく、**部下たちが優秀だったために、たまたま「売れていた」**というケースも、同じくらい多いです。

いずれのケースも、自身の実力ではありませんので、中小企業に移ったとたんに顕著に業績に現れてしまうのです。

大手アパレルで優秀な女性管理職だったE藤さんもそうでした。

転職直後、３カ月の試用期間中に兆しが現れ、本採用に至らない場合はヘッドハンターへの支払いも免除になる契約になっていたため、執行役員のポストが幻になってしまいました。ヘッドハンターもタダ働きという最悪の結果です。

こうした不幸を回避するために、大手の看板も、優秀な部下もいなくなった自身の「真水の実力」が、リソースの限られた中小企業でどの程度発揮できるかを、冷静に見積もって転職先を探したいものです。

しかし、最初の転職先の水が合わなかったり、試用期間中に本採用しない決断をされたりしたために再度、転職活動を始め、ベターな会社を見つけるケースもかなり多いです。

印象的なのは、**最初の再就職に失敗しても、ほとんどの人が新たな転職先を得ていると**いう点です。

結局、待遇にこだわらなければ、需要は多いということなのでしょう。

ですので、転職に失敗したと気づいたら、「次がある」と気楽に構えておきましょう。

今度は逆のパターンで、大手に愛想を尽かして準大手に転職した例です。

Ｆ田さんはあるスーパーゼネコンの営業課長でしたが、60歳の定年時に示された、年収１２００万円から35％程度になるという待遇面は飲めても、「その言い方が気に入らなかった」そうです。激怒して「こんな会社、辞めてやる」と本当に退職してしまったのですが、すぐに準大手ゼネコンに転職。63歳となった現在、それはもう大活躍なのです。

準大手といっても一部上場企業で、待遇面では「年収１２００万円の35％程度」を多少上回る程度ですが、業績面では傑出したものがあり手放せないレベルだと聞いています。顧客から「おぉ、Ｆ田さんが来てくれたなら、なんか一本出さんといかんですね」と言わしめるレベルなのだそうです。

Ｅ藤さんとは真逆で、まさにＷＩＮ－ＷＩＮの再就職です。

50代での最初の再就職に失敗しても、次、もしくはその次ではまるケースがあるので、１度や２度の失敗でめげることはありません。

「転職は３回まで」と言われますが、それは全年代に対する一般論です。50歳や60歳の転職活動では、あまり気にする必要はありません。

過去は変えられませんし、けっこう皆、しぶとく次の転職先を手にしています。

②「中小から中小へ」系

◆やはり「ツテ」がものを言う

人数的に、大手企業よりも中小企業に勤める人が圧倒的に多いので、中小企業間の再就職の方が多いはずです。

中小企業には天下りや関連会社への出向という文化も少ないうえ、大手企業と比較すると退職金もかなり少ないので、定年後は再就職する人が多数派です。

さて、中小企業での転職・再就職の特徴は、**同じ業界内で人がグルグル回る**ことです。

いくつかの理由があります。

まず、中小企業の場合、非常にオーナー企業の比率が高いです。そのため仕事ができて順調に昇格していったとしても、役員ポストはオーナー家や親族で占められており、部長あるいは課長以上には昇進できず失望して転職してしまうケースがあります。

できる人ほどこの傾向が強いので、50代で転職するケースが多くなります。

中小企業で仕事のできる人は、専門性が高く守備範囲も広いです。そうした人材の欠員を補充したい企業や、そもそも自前でそういう人を育てられなかった中小企業に採用意欲があるわけです。

海外原料一筋のG田さんは、50歳になったときは某中小企業の課長でしたが、オーナーは海外原料に関心がなく、海外原料や海外商材の発掘・販促は社内的に傍流で先が見えていました。海外原料の開拓に熱心だった取引先の社長に相談したところ、「じゃ、うちにぜひ！」ということで転職し、再び水を得た魚のように世界を飛び回る日々になりました。

H村さんは50代で中小出版社や印刷会社の役員を転々として、オーナー家から任されたリストラやお家騒動の火消しを粛々とこなす日々でした。そのリストラのさいに自身も退職し、中小のゲームデザイン会社の役員に就き、がんで亡くなる67歳まで勤め上げました。その間の役員報酬は１７００万でした。

うらやましいほどのキャリアに違いありません。

G田さんとH村さんの共通点は、先に紹介した「ツテ」です。

中小企業の転職・再就職は、過去の人間関係による「ツテ」が大いにものを言います。

③ 専門職系

◆大手、中小という区分けがない業種

大手企業、中小企業という区分けがあまりされずに人が流動する分野があります。

設備系、施工管理、設計、電気、制御、工場建設、工場のオペレーション系、IT系といったエンジニアや貿易実務、薬機法（旧薬事法）といった専門職系の再就職が該当します。

某理系有名大学を卒業してプラント会社に入社したI田さんは、40代で中小企業に転職しました。その後20名程度のプラント設備会社に移り、さらに50代で別の大手プラント会社に転職。そこを定年後60代後半となった今では、前々職の20名程度のプラント設備会社で顧問として週3回勤務をしています。

顧問といってもバリバリの設計技術者で、3次元CADを駆使した設計技術は社内一ど

ころか業界トップレベルといえるでしょう。

趣味は「ゴルフと設計」というI田さんですが、出社日以外は週2回程度、メンバーになっている近隣のゴルフ場に通う理想のシニアライフです。

ちなみにI田さんは高学歴ではありますが、転職を繰り返すという意味で、大きな組織では異質な存在となりました。しかし70歳近くなってなお、大好きな「ゴルフと設計」に打ち込める日々なのです。転職を避けて定年後に後悔するより、はるかに楽しい人生なのではないでしょうか。

◆IT業界の内情

IT系のPM（プロジェクトマネージャー）、PL（プロジェクトリーダー）、SE、PG（プログラマー）、運用といったIT技術者というのは、もともと業界的に非常に人の流動性が高いです。先に少しふれましたが、**「ITゼネコン」**と言われるように元請け、下請け、孫請け構造になっているため、それぞれの技術スキルに応じて様々な再就職の選択肢があります。

これは業界特性とも言えることですが、システム開発業界の草分けのA社は、銀行が融資先に転籍させるようなパターンで、取引先への転籍も行っています。

J木さんもその一人です。50代でA社のマネージャーから顧客であった金融機関の情報システム部に転籍しました。年収レベルは維持され、そのまま60数歳まで待遇は維持されています。

これもうらやましい転籍といえるでしょう。

この取引先は、定期的にA社から50代を採用しています。さらにA社のOB、OGが結構な数のIT技術者の派遣会社を興しており、BP（ビジネスパートナー）として、A社のプロジェクトに参加するというしくみが出来上がっているのです。

システム開発でも運用でも、プロパー社員ばかりを使うと赤字になってしまうどころか、予算オーバーで顧客から承認されないので、**コストを下げるためにBPさんや定年後のエルダー（再雇用の社員）さんを使って、プロジェクトを回そうとするのです。**

どこでもIT技術者が不足しているので、常に大きな需要があるのです。

50代ともなると新しい技術についていけないという人もいますが、**旧来の技術で充分通用するプロジェクトや役割もある**ので、自分の「強み」が活かせるプロジェクトを探すのがポイントになります。

IT業界での50代の再就職は、転職サイト利用に比べてエージェント利用の比率が高いものの、やはりかつての先輩、同僚、後輩、同じプロジェクトだった関係者を通した**「ツテ」がかなり多い**という特徴があります。

こうした背景からか、A社だけでなく多くのITベンダーのOB、OGがシステム開発会社を起業したり、独立自営業者となって、元の会社のプロジェクトの仕事をしています。

2000年代に多かったのは、先端技術の50代技術者の韓国企業への転職です。電気・電子の分野では韓国企業が日本企業を凌駕してしまったので最近は下火になりましたが、当時は年収2倍のオファーでしたから、多くの技術者が海を渡りました。

しかし韓国企業もしたたかで、採用できた日本人技術者に優秀な韓国人の弟子をつけて、2~3年で技術を吸収させてお払い箱という残念な結末となりました。帰国した技術者が新たな職を探す光景が見られたものです。

その後、中国企業でも同じ状況が見られました。

現在でも分野によっては、アジア系の外資企業が日本人のシニア技術者を採用する動きが続いています。

④ 起業・フリーランス系

◆50代からの起業の目標設定とは

「起業はやり直しのきく20代がベスト、30代前半がギリギリ」という声もありますが、50代での起業は「大成功」を目指すのではなく、**「サラリーマン時代より自由にやりたいことをやって、ちょっと余裕のある生活ができればいい」という目標設定で充分なのではないでしょうか。**

そういう意味では、K田さんの起業は正解でした。大手総合人材サービス企業のグループ会社の執行役員を55歳で退任してそのまま退職し、一人で起業しました。

会社からの「後進に道を譲れ」という非常に分かりやすいメッセージに応えたわけです。

周囲には不条理を感じる人もいたでしょうが、潔く会社の意向に従い退任、退職したのです。

自宅をマンガ図書館にするほどの蔵書を誇る彼は、前職の会社がマンガ雑誌を創刊したときには編集長を務めるほどでした。マンガに携わる仕事がしたかったから再就職せずに起業の道を選んだそうです。

もちろん、好きなマンガとはいえ、それで生活するのは難しいと考え、ずっと営業畑で業績を上げてきたので、社内外の人脈の中で仕事と人を結びつける支援をメインに据えました。

もともと人望があり、上司、部下、年上、年下全方位から慕われる人だったので、独立・起業の挨拶状を受け取った多くの関係者が仕事の話を持ち込みました。

挨拶状の電話番号が間違っていたのもK田さんの愛嬌です。現在64歳になりますが、結局、営業マネジメント能力を評価され、コンサルティングの仕事も多くなったと聞いています。

傍から見ていると、生活のために稼ぐ仕事と、ほとんどボランティアのようなマンガの仕事をバランスよく手掛け、毎日忙しくしている姿は「暇つぶし」に明け暮れる定年退職者の対極にある存在だと思えます。

◆「やりたいこと」と「やりたくないこと」のバランス

I宮さんは、大手企業の本部長職を50歳目前で退職しました。辞めた本当の理由は、「ヒマラヤに行きたかったから」だそうです。3カ月間かけてヒマラヤ遠征をしたいけれど組織にいたらできないので、というわけです。

I宮さんはその後法人を立ち上げ、企業のアドバイザーとして本部長時代の年収を確保しつつ、レストラン経営や農産物の産直事業などを62歳まで継続しました。その後はゴルフ、旅行、冒険、映画制作など、楽しく充実した日々を過ごしています。

そんなI宮さんは、50代となった後進に、

「『やりたくないこと』と『やりたいこと』のバランスを50：50にするように」

と、アドバイスしています。

I宮さんの定年後前半の基本コンセプトは「都会と農村とのデュアルライフ」だったと推測します。

「『やりたくないこと』と『やりたいこと』のバランスを50：50に」と同様に、「大都会で活動する時間と、農村で活動する時間のバランスを50：50にする」というわけです。

C子さんという女性は大学卒業後、営業系の会社で働きました。結婚、産休、育休、時短勤務を経て、子供の手が離れたタイミングで転職。その後さらに2社ベンチャー企業を経験しました。

ベンチャーの役員として部下を育て、動かすことにホトホト疲れていたとき、息子さんから「お母さん、そのままじゃ死んじゃうよ」と言われ退職を決意。50歳になる前に、コーチングをメインにした研修会社を起業しました。

最初から研修会社にする予定だったわけではなく、業務内容も漠然としたまま会社だけを立ち上げたのですが、「研修講師が足りないから」と知人から助っ人を頼まれたことがきっかけで、研修会社になっていきました。結果的に「〇〇の会社になっていく」というのは、起業の場合はよくあるパターンです。

コーチングやキャリアカウンセラーの資格も取りましたが、彼女の研修のコアは、「部下をやる気にさせるには、まず自分が変わる」という原体験です。受講者を惹きつける内容で、還暦を目前にした現在でも好評を博しています。

ユニークな起業系としては、N田さんは50代で商社を退職後、パチンコホール向けのワゴンサービスの会社を起業し、店長に気に入られるために閉店後の掃除を手伝うなどして安定的に業績を伸ばしました。

◆社内起業や「外資の日本法人」も

O木さんは元々はゼネコンの社員でした。40代でエンジニアリング会社に転職し、そこで技術者専門の人材紹介サービスを企業内起業したのですが、やっていくうちに社内では異質な事業となってしまいました。結局、O木さんが50代になったときに自身がMBO（マネジメントバイアウト）、つまり会社を買い取って経営することを決断し、かれこれ10数年になります。

多額の設備投資が必要な事業ならともかく、元手がさほどかからないサービス業なら、こうした起業パターンはさほど珍しくはありません。

起業と似たパターンとして、外資の日本法人に勤務していたものの、アジアの拠点を香港、シンガポール、中国に移すことになって、日本での業務を任されたり、代理店として日本での展開を任されるケースもあります。

D門さんは外資系証券会社を退職後、いくつか企業を興したものの軌道に乗せられずにいました。捲土重来の思いで、40代半ばでした起業した輸入代理店でなんとなるかと思った矢先、バルブ崩壊でまたも失敗。

再び50代で商材を変えて輸入代理店を再開させたところ、ある商材が時流に乗って急伸しました。海外の本社から、代理店ではなく日本法人として活動するよう依頼され、これが大当たり。60代となった今では、成功者として仕事もプライベートも満喫しています。

D門さんの直近の十数年だけを知る人にとっては、大成功した人というイメージですが、なんとかなったのは50代以降です。それ以前を知る人にとっては「何をやってもうまくいかない人」だったのです。起業に失敗したものの大逆転したケースです。

◆50代には向かない起業

一方、50代の起業に向かない業種もあります。

たとえば、設備系の会社で20年、30年とメンテナンスで顧客と付き合っていく場合、下請けの業務以外では50代での起業は稀です。なぜなら発注先にとっては「いいモノを作ってもらっても、20年後、30年後は誰がメンテナンスしてくれるの？」となってしまうからです。そういう意味で、**「起業適齢期」がある業界は、あります。**

また、製造業や通信系などは一人ではやれることが限られてしまい、起業に向かない業界と言えるかもしれません。ご自身の業界特性も勘案しておきましょう。

◆フリーランスという選択肢

最後に「法人化」しないフリーランスとしての起業例も紹介しておきましょう。

広告代理店で女性マネージャーを務めていたKKさんは、50歳になる前年に退職、フリーとなって「終活」関連のビジネスをスタートさせました。

広告代理店に在職中、ベストセラー『週末起業』（藤井孝一 ちくま新書）に触発され、セミナーなどに通う中で選んだのが「終活」。親の介護が重なっていたことや、それまで培ってきた広告代理店でのスキルや人脈を活かしやすいという理由だと思います。立ち上げたサービスでは、遺影もメイクさん、スタイリスト、カメラマンまでファッション誌のスタッフを付けて撮影するのです。ニッチだが一定のマーケットがあったといいます。

大きな設備投資もいらず、法人化の必要もない。ほとんどノーリスクのアイデア勝負ということで、フリーランスという選択肢もあります。

フリーランスを選ぶ女性は多いです。

50代女性では編集系、ライター系、通訳系が目につきます。

なお、手話通訳も非常に女性が多い分野です。

同時通訳レベルとなると、一人ではなく複数名で対応するので、人数が必要になるため、みなチームで動いているようです。

先日、30数年ぶりに会った先輩は、フランス語の同時通訳者になっていました。

大学時代にスペインに留学していた同期は、スペイン語検定1級に合格したと言っていました。通訳ではなく、長年の夢だった「スペインと日本をつなぐビジネス」を模索中だそうです。

このお二人は帰国子女ではありませんが、海外での事業を拡大しているメーカーなどでは、以前から帰国子女の女性をたくさん採用しています。その中からフリーランスの通訳者や技術翻訳者も生まれているはずです。とくに技術的なことに精通した通訳者は希少価値がありますので、所属する業界や担当業務上でのネゴシエーション（交渉）の需要を念頭に入れておくといいでしょう。

⑤ 事業承継系

◆小さな会社を買う

30年近く前になりますが、MBA留学の最終学期で「アントレプレナーシップ（起業論）」という講座を履修しました。講師は投資銀行の元頭取です。

授業の後半は、起業するさいのビジネスプランを作成する実習でした。私たち2名の班は「スポーツバーを日本で展開する会社を立ち上げる」をテーマに選びました。

最初に取材に訪れたのは、現地のビジネスブローカーです。

ビジネスブローカーというのは、日本でいうと町の不動産屋さんみたいな感じで、中小企業や飲食店を売りたい人と買いたい人の仲介業です。

いわゆる「M&A」より小規模な企業や店の売買ですが、まるで不動産のように企業や店が日常的に売買され、そうしたビジネスブローカーが日本の不動産店のように至るところにあることに驚いたものです。

最近は日本においても、M&Aのずっと小型版の会社の売買が、事業承継という形でようやく広がってきました。

日本の場合、経営者が自宅などを担保に多額の借金をしている場合があることや、旧民法下での連帯保証人制度などが、子供や親族以外への事業承継を難しくしていたのです。

しかし最近では「事業引継ぎ支援センター」といった公的な仲介も始まり、書籍でも紹介されるようになりました。

ネットのマッチングサイトでは、簡単に会社やお店、事業が売買できるようになっています。あるマッチングサイトでは、すでに2万件以上のマッチングを行ったそうです。

日本においても、スモールカンパニーや事業、お店の売買が市民権を得る状況になりつつあります。

58歳になる財務系サラリーマンのR野さんは、定年後を見据え、あるマッチングサイトからネットショップを買いました。

現在の月商は80万円程度で、2割が利益だそうです。

この店が売りに出されたとき、金額は150万円でした。他に20名もの買い手がついて値が上がってしまったため、地方都市に住むオーナーを訪ねて直談判し、結局350万円で譲り受けたそうです。

仕入れは中国からで、何を仕入れるかという目利き能力は多少要求されますが、350万円の投資で最大月商100万円、平均月商80万円、利益16万円ということなので、投資効率としては決して悪くないのではないでしょうか。

R野さんは、事業をもう一つ、400万円で買っていました。しかし地方の会社だったためにハンドリングが難しく200万円で売却しました。月50万円ほど利益が上がっていたので損はしていないそうです。

目下、別の事業を買おうと物色中ということでした。

◆勤務先や「ツテ」からの打診

もう一つのパターンは、勤務先からの事業承継話です。

S村さんは設備系の会社の部長でした。お子さんのいなかったオーナー社長から後継者として会社を買取ることを打診され、50歳で役員、50代半ばで株式を買取り社長となりました。都内に自社ビルを持つ無借金の優良企業です。

後継者のいないオーナー社長が社内のめぼしい人に会社を譲り、事業承継を図るパターンはますます多くなっています。S村さんの場合は、うまくいったケースです。

反対に、後継者になるよう望まれたものの、会社の将来性に疑問を抱き転職してしまった例もいくつかあるので、手放しでウェルカムという話ではありません。

S村さんの場合は勤務している会社のオーナー社長からの打診でしたが、取引先や知人からのツテによる事業承継という場合もあります。

同期だったT口氏は、50代で退職金と株を売却した資金の一部でIT企業を買い、現在もオーナー社長を務めています。その発端はツテでした。

このように、ネットでもツテでも、事業承継という選択肢があることが希望を与えてくれるのは間違いありません。

⑥「開店・開業」系

◆自宅蕎麦、自宅カフェの賢さ

早期定年制の割増退職金や自社株の積み立てにより、まとまったお金を手にするためか、50代で飲食店を開店するケースもよく聞きます。

飲食業界にいた人が独立するのではなく、普通のサラリーマンが開店するという話です。サラリーマンやOLが20代～30代で「自分の店を持ちたい」と開店するケースは昔から一定数ありました。

一方、最近の50代の開店には、特徴があります。

開店時にもっともお金のかかる、店舗の保証金、厨房機器・什器を節約するために、自宅レストラン、自宅カフェ、自宅蕎麦打ちといった〝自宅系〟が増えているのです。「賢いなぁ」と感心します。

自宅なら当然、家賃や保証金は不要。厨房機器も基本的には自宅のキッチンで賄《まかな》うので、必要最小限の出費で済むのが魅力です。

夫婦あるいは一人でやるのが前提ですから、人件費の心配もありません。

そもそも飲食店というのはハイリスクな業界です。出店からの3年後生存率は30%、10年後生存率に至っては、なんと5~10%です。**10店から20店に1店しか、10年続かないのです。**

そういう意味で、自宅レストランはローコストオペレーションですから、味がよくてリーズナブルな価格であれば、競争力があるわけです。


MSさんは50代直前で役員を退任、自宅で「リビング蕎麦」を開店しました。

小さい頃、何になりたいかと聞かれたときに、「レストランのコックさんかオーケストラの指揮者」と答えたそうですが、蕎麦打ちとして夢を叶えたわけです。

もともと料理好きだったのですが、奥さんが信州の出身で、お義父さんが趣味で蕎麦を打っていた影響で打ち始めました。凝り性だったこともあり、ある巨匠の蕎麦打ち教室に通うなどして腕を磨いていきました。

どんな運営だったかというと、

- 金、土、日曜のみの営業で昼夜それぞれ1組ずつの予約制

・9品目程度の4千円コースと、品数を少なくした3千円コースでした。2〜10名の予約に対応していましたが、経営的なところから4名以上が推奨されていました。

さて肝心の「味」です。実は私は大の蕎麦好きです。都内の名店といわれる店は全部行ったと思います。信州の評判の店にも遠征しました。

しかし、MSさんの蕎麦は、私の中では神田や信州の名店よりも確実に上なのです（ある雑誌のランキングでも上位に食い込んでいたので、あながち私の贔屓《ひいき》目でもないでしょう）。

お店は大繁盛で、電車では行けない立地にもかかわらず、常に3カ月先まで一杯で、予約すら取れない状態になっていました。

味がよくて、リーズナブルで、見込み客に告知できて来店のキッカケさえ作れれば、成立するマーケットだということです。

通常、飲食店の原価率は30％程度に設定されることが多いです。

しかし**自宅系の場合、オペレーションコストが低いことから、「50％に引き上げて、いい素材や原料を選ぶ」というのも、賢い方法になるでしょう。**

「自宅カフェ」というものアリでしょう。自己満足では難しいので、立地と顧客ターゲットから考えて何を打ち出した店にするか、明確にして準備したいものです。

自宅系がいいのは、オープン当初、うまくいかなくても経費が垂れ流しにならないので、試行錯誤して改善していく時間がある点です。

小さく生んで、じっくり育てていきましょう。

◆「お教室」系

次に「お教室」系についても紹介しておきましょう。

これまでも製鉄会社を退職し、短歌の大規模な同人誌を発刊したり、絵画教室、パソコン教室、英会話教室、フラワーアレンジメントや洋裁、音楽関連の教室を開業する人はいました。

コスト的には自宅レストラン同様、自宅でやったり公共施設を単発で借りてやればお手軽です。しかしかつては生徒さん候補への告知、集客がネックになっていました。口コミがものを言う世界だったのです。

しかし現在はネットによる集客ができるようになり、生徒さんを集めるサイトも充実してきているので、誰もが始めやすくなっています。

F井さんという女性は、アパレルショップを50代で退職した後、自宅で裁縫教室を始めました。

特長は「プロ志向、本格志向」。腕に自信のある生徒さんが、よりハイレベルな作品にチャレンジしたいと集まっています。

生徒さんは、趣味というより、「手づくりで何かを作ってネットで稼ぎたい」というニーズのようです。

とくにネットで募集しているわけではないし、厳しい指導をしているにもかかわらず、「類は友を呼ぶ」的に口コミで新しい生徒さんが集まっています。

⑦「雇われ経営者」系

◆「雇われ社長」になる3つのリスク

知人、友人のオーナー経営者に請われて、50代や60代の定年直後に「雇われ経営者」として社長や役員、社外取締役、顧問に就任するケースも、散見されます。

U田さんは、55歳の役職定年のタイミングで、かつて同期だった2代目社長から声がかかり社長として迎えられました。

こうした本で「社長として迎えられた」という文言だけ見てしまうと、U田さんが人並はずれたすごい人に思えるかもしれません。しかし同期の中では中の上くらいの元部長だったそうです。たまたま2代目社長が同期だったという縁からの展開です。

その同期は同じタイミングで会長に就任しました。

なぜか1年後に業績や経営方針のズレから会長が社長に復帰してU田さんは専務に降格

し、翌年にはとうとう退任して別の会社に移ってしまいました。

雇われ社長の場合、①**オーナーとの経営方針のズレ**、②**業績不振の責任**、③**就任前からの番頭格との人間関係**という3つの関門があることを理解した上で、請けるか否かを決めるのが賢明です。

しかし現実的には「やってみないと分からない」ことの方が多いです。リスクを想定しつつ、「声がかかったのだから、まずはやってみる」というのも一つの選択です。経営者として声のかかる人には、別のチャンスもあるからです。

社外取締役や監査役も「雇われ経営者系」になりますが、役員や部長など事業経営を経験した元管理職に多い進路です。かつての取引先の経営者、経営幹部や知人、友人からのツテで声がかかるケースがもっとも多い印象があります。

◆顧問……セカンドキャリアとして魅力的

社長、役員、社外取締役、監査役もさることながら、50代以降のキャリアとして主流にしたいのが、「顧問」です。私はこの文化を日本に爆発的に流行らせたいという強い希望を持っています。

顧問の制度自体は昔からあります。役員の退任後や部長の退職後に「顧問」というポストで会社に残る場合や、定年後に専門性を買われて別の会社で週2～3日出勤したり、非常勤ながら必要に応じて社員と取引先のところに同行したり、アドバイスしたりという場合もあります。

よくあるのが、技術系顧問や営業系顧問です。

技術系顧問は、前に紹介した「趣味はゴルフと設計」というプラント設備会社顧問のI田さんのようなパターンです。

営業系顧問には3タイプあります。

まず、営業戦略から営業計画の立案、月次の数字の進捗のマネジメントといった営業マネージャーの業務を代行したり、その経験と知見で営業マネージャーをフォローしたりするタイプです。完全に営業コンサル業務ですが、発注側からすると、コンサル会社に発注するより、いわゆる営業の強い会社の元営業管理職を顧問として迎えた方が、コスト的にかなり安くつくのです。

二つ目は2章の「需要と供給」でもふれたように、現職時代の顧客や人脈を引き継ぐことをメインにした顧問で、最近は人材紹介業でも扱い始めています。「月に○社紹介すること」といったノルマが課せられるケースもあり、それを理由に敬遠されることもあると聞いています。

三つ目は「業界のドン」、「業界通」、「ご意見番」といった存在を顧問として迎えるタイプです。

迎える会社としては、何かあったとき、何かを進めたいときに相談する窓口として、やんわりと関係をキープしておくというものです。

実際の顧問のギャラですが、大手、中小で差はありますが、**中小企業のオーソドックスなところだと週2~3日の勤務で、20万円を超えないくらいが相場ではないでしょうか。**

月15万でも2社掛け持ちすれば30万円になります。セカンドキャリアとしては魅力的なはずです。

⑧「大学講師」系

50代、あるいは定年後に講師として大学で教鞭を取る人もいます。

リクルート関係でもパッと5〜6名の名前が浮かびますし、独立してからの顧客の担当者も、何名かがセカンドキャリアとして大学講師の道を選んでいます。

リクルートの関連で多いのはビジネス系、キャリア系、心理学系です。顧客からはキャリア系、コンピューターサイエンス系が多い印象です。

大手メーカーの研究所から国立大学教授に転身する人、あるいは中小企業のエンジニアから大学で電気・電子を受け持つ人など多種多様です。

某食品メーカーを定年退職したH村さんの専門は化学調味料ですが、75歳になった今でも大学で教えています。

教授ならともかく、講師レベルだと報酬は少ないはずですが、若い世代に接して日々元気をもらえるし、自分の知見や経験を若い世代に伝える仕事のやりがいは魅力的です。

⑨「第1次産業」系

◆「都市部からの移住」を自治体も推進

30年以上前の話ですが、ＭＢＡ留学の資金稼ぎと受験勉強のためにリクルートを退職し、群馬の実家でヤマメの養殖をしているとき、同業者との交流を盛んにやっていました。

その一人だったＭＴさんは、40代後半で東京の総合商社を辞め、群馬に戻って実家のヤマメ養殖業を継ぎ、釣り堀や民宿を始めていました。

Ｕターンを決断してからの数年は、接待で使っていた割烹の主人に頼み込んで、仕事を終えた後に毎晩、店の調理場でゼロから料理の手ほどきを受けたそうです。

さて、この本の冒頭で紹介した「年金＋３００万円」計画において、第1次産業を選択するのも大いにアリだと思います。

地方に実家があって第1次産業系の花や農作物、園芸品、樹木に関心のある人は、そこで「年金＋３００万円」が可能なビジネスを考えるのもお薦めです。

「地方出身じゃないので、山林も畑もない」という人も多いでしょう。

ご存じのように地方の中山間は過疎化が深刻ですので、自治体は都市部からの移住を推進しています。畑つきの古民家や空き家は山ほどあり、桁違《けたちが》いに安い賃料で借りられます。興味のある方は、リビングコストの安い地方に移住して「年金＋３００万円」の実現の戦略を立ててみてください（念のためですが、冬に雪下ろしや雪かきが必要になる所はお薦めしません）。

第１次産業系という意味では、早期定年退職後のZ藤さんのように植木屋さんに転身する手もあります（１５９ページ）。最寄りの職業訓練校に通う手もあるし、親方に弟子入りする方法もあります。プロでなくても、ある程度できるようになれば、自治体の「シルバー人材センター」に登録し、庭木などの剪定《せんてい》、草刈りを請け負えるようになります。職業訓練校やメーカーが講習会をやっているので、チェーンソーなどを使えるようになりたい方は、利用されるといいでしょう。

草刈り機はすぐにマスターできるので、**草刈りの請負はお薦めです。**経験者によると、成果が目に見えて確認できるので、気持ちがよくてストレス解消にさえなるそうです。

⑩「理念・使命」系

◆「学校を寄付」する諸先輩も

これまでの仕事やプライベートを通じて知り合った人の中には、「60代以降は、世の中の誰かの役に立ちたい」という思いで活動する方がたくさんいらっしゃいました。

自ら興した電気部品メーカーを45歳のときに上場させたW本さんは、貧困世帯の子供たちのための塾（数校）の運営資金をずっと支援しています。

また、サラリーマンながら、自社株の高騰や上場によって老後を普通に過ごすには充分な蓄えができたため、ラオス、ベトナム、タイといったアジアの開発途上国の少数民族地域に学校を寄付する先輩が、私のまわりには結構います。1校あたり数百万円のレベルで建設できます（念のためですが、寄付控除の対象にもなります）。

◆ブレない理念は固定観念を打ち破る

少々長くなりますが、リクルートの8年先輩であるS井さんの活動を紹介しましょう。その理念に私も心を動かされ、50代半ばで新しい可能性を見つけることになりました。

S井さんは東大を卒業後リクルートに入社し3年間営業をやりましたが、まったく売れず、悶々とした日々を送っていました。

企画部門に異動になり、才能が開花しました。数百億円規模の事業を育て、リクルート本体の取締役にまで上りつめました。

退任後は別の企業を興したり、自身が関係した会社を手伝ったりしていました。ターニングポイントはリクルートの上場です。元役員だった彼もかなりの金額のキャピタルゲインを手にすることになったのです。

S井さんと私は自宅が近所でした。数年前の6月、鮨屋で彼はこう切り出したのです。

「上場で得たお金は、寄付しようとも思った。でも昔の自分のように、売れずに苦しんでる人が日本中に今もたくさんいる。そんな営業パーソンを救うために使いたい」

つまり、「お金は出すので、売れない営業パーソンを救済するしくみを構築するのを手伝ってくれ」という話です。専門分野なのでウェルカムですが、「すべてオンラインでやりたい」と言うのです。

「営業研修やセミナーはオンラインではできない」というのが経験則からの見解でしたので、何度も「難しい」と伝えました。

しかし頑として「オンラインにだけはこだわる」。

頭を抱えつつ、「もしかすると、デジタルネイティブ世代にとっては営業研修もネットで成果をあげられるかも。『スタディサプリ』も好評だし」と思い、「さしずめ『営業サプリ』ってとこですかね」とS井さんにイメージを伝えました。

8月から本格的に活動に着手、翌2月には情報サイトで連載を開始、6月にはオンライン講座のサービスをスタートさせました。

全32単元の基礎コースは、テキスト、5分程度の解説（動画）と演習、ロールプレイング（ロープレ。応酬話法、役割演習）、コーチ（サプリ側のコーチと、職場の上司など）からのフィードバックで進行していきます。

動画を理解するだけでなく、受講者自身の商材、顧客を前提にした演習をして頂き、内容についてまずOJT的に職場の先輩か上司が合否とコメントをフィードバックし、サプリ側のコーチもそのやりとりにフィードバックをして「売れる」ようにしていくスタイルです。「すべてをオンラインで」というS井さんのこだわりは、最後までブレませんでした。

実は、売れる営業パーソンの育成には王道があります。細かな「方法」、「次の一手」をいくつ伝授できるかで、業績は決まってしまうのです。将棋の定石のようなものです。

その方法を「わかった」→「できた」→「売れた!」とステップアップしていくためには、ロープレとフィードバックがもっとも合理的なトレーニングです。営業サプリではこの双方を組み込んで好評を得ています。

受講者をフォローする「サプリコーチ」は、リクルートの元営業マネージャーで編成しています。かつてのリクルートを知る人にとっては、信じられないくらいに豪華なメンバーとなりました。

もし私の営業マン時代にこれをリクルートが展開していたら、日本でもっとも高額な研修になっていたでしょう。今回はオンラインで、開発費にS井さんが得たキャピタルゲインが投入されたので、非常にリーズナブルな金額で実現できたわけです。自社で研修をするほど営業パーソンの数が多くない会社にとっても、2~3名でも申し込める点が好評となりました。

サービスが開始されると、受講者や企業から、まったく予想していなかった声が寄せられました。「5分間の動画(講義)は、何回も見返せていい」、「商談の前に動画を見てから客先に入る」と言うのです。

集合研修では70分〜80分連続で解説するのが普通でしたが、「5分」の方が効果的だったと思い知らされ、「やってみないと分からない」を実感した瞬間でした。

感動した私は、ＨＰ上に「売れる営業養成講座　営業の教科書」を書き下ろしました（https://www.sapuri.co.jp）。

現在、サービス開始から2年が経ちます。私の25年間の研修ビジネスの中で、役員のコネを利用しても受注できなかった財閥系企業、最大手のＩＴベンダー、通信キャリア（携帯大手）に続々採用され、昭和の固定観念が見事に破壊されてしまいました。

専門分野なのが災いし、私自身「思考停止」になっていたのかもしれません。

Ｓ井さんの「昔の自分のように苦しむ営業パーソンを救うために数億円を投入する」という行動は、理念や使命感がなければ絶対にできないことです。そしてその理念が、多くの人を救っている。

「お金があったから」という面ももちろんありますが、50代からの働き方として、まさに理想的ではないでしょうか。

⑪地方政治家、宗教系

これはUターン移住も絡んだ話です。

◆地方議員という選択肢

まず、早期定年や定年後、故郷に戻って地方議員になるパターンです。

前職の先輩、同期、後輩の中にも現職の県知事、県議会議員、市長、市議会議員が何人かいます。残念ながら知事選、政令指定都市の市長選で落選してしまった人もいます。

たしかに国会議員、知事、県議会議員レベルとなると、50代以降のUターンからのスタートでは難しいと思いますが、市議会や町議会議員であれば、これからますます増えると思います。

2章で紹介したB場さんは、サラリーマン生活の最後は大手生保の管理職でしたが、早期定年制を選択し、妻子を残して生まれ故郷にUターンしました。

B場さんは次男で、長男が家を継いでいたのでUターンする必要はありませんでした。

しかし50歳になったあたりから、セカンドキャリアとして地元に戻って地方政治家になると決めていたのです。母親から相続していた土地に小さな家を新築しました。

中学時代の成績はトップで、生徒会長だったB場さんを地元が放っておくはずがありません。町や地域の仕事をあれこれ引き受け、Uターン後最初の町議会議員選挙で当選しました。

ちなみに、「第1次産業系」で紹介した、総合商社を辞めて実家のヤマメ養殖業を継いだMTさんも、何期か村会議員を務めました。

B場さんは40代の頃から「定年になったら、地元に戻って議員をやる」と宣言していました。**中山間の過疎地と言われる地域では、昔と違って村会議員、町議会議員に手を上げる人が激減しているのです。**

さらに、これは国会議員、都道府県議会議員でも同じですが「能力がないのにやる気満々な人」と「能力はあるけれどやる気がない人」の集団が生み出す政治はどんな結果をもたらすのか、という本質的な問題もあります。

大手企業の管理職として大きな組織を率いたリーダーシップや調整能力、企画力、プロジェクト運営能力を、故郷の行政で活かしたいと考えたのでしょう。

そもそもB場さんもMTさんも、ずっと学年トップの生徒会長→進学校→一流大学→一流企業と進んだ「地域の誉《ほま》れ」です。そういう人材がUターン後、地域のリーダーになっていくというのは、ごく自然な流れに思えます。

「生まれ故郷のために一肌脱ぎたい」という志のある方は、選択肢に入れてみてはどうでしょうか。

◆宗教系

次は宗教系です。ある企業オーナーから、仏教のある宗派の「第二の人生プロジェクト」について聞いたことがあります。

僧侶の世界も、地方は後継者不足が深刻と報道されています。

このプロジェクトは、市井のシニアに広く門戸を開き、普通の会社員だった人に僧籍を得てもらうしくみだそうです。もちろん僧侶としての収入だけでは生活できないので、年金があることが前提になりますが、地域の人に寄り添うことによる「やりがい」は、生きがいになるに違いありません。

神主についても、国語の教師だった身近な知人が定年退職を期に神主の資格取得のために大学に学士編入するという話を聞きました。時代の流れを映していると言えそうです。

6章 《展望篇》 失敗を防げる「60〜64歳の試行錯誤」

50代の方にとって、60代というと、まだまだ先と思えるかもしれません。しかし後悔を避けるために、60代前半のイメージもしておきましょう。

この章では、「60～64歳での試行錯誤」について、簡単にお話しします。

50代を卒業した後の皆さんの進む道は非常に多様で、年収３００万円台で再就職する人もいれば、４００万円台、６００万円台、１０００万円を超える人もいるでしょう。

起業や開店する人、会社を買う人もいるかもしれません。

人それぞれなので「こうするべき」という過度の一般化は役に立たないかもしれませんが、前にもふれたように、役職定年後の転職や、定年直後の再就職やセカンドキャリアの1度目を失敗する人は少なくありません。

しかしその後の再就職やセカンドキャリアがフィットして、65歳、70歳、あるいは75歳まで仕事を続けてハッピーリタイアする人も多いのです。

1～2回失敗したくらいでガッカリしなくていいわけです。

同じミスを繰り返さないために、「次にどうするか」を考えていきましょう。

◆60歳6カ月時点の定点評価

すでにご存じのように「65歳まで定年が延長された」といっても、実際には「50代半ばでの役職定年、60歳での定年を経て、新入社員レベルに減額された年収での再雇用」が一番多いパターンではないでしょうか。

役職によっては62歳〜63歳まで高い年収が維持されるケースもありますが、比率としては少数派に違いありません。

組織に属する50代の誰にでも、60歳の定年を迎える日が必ずやってきます。

定年延長を選んだ人、「攻撃型」再就職活動をした人、「守備型」で臨んだ人、顧問という職を得た人、様々な生き方を選択されていると思いますが、定年から半年たった時点で、結果を自己評価してほしいのです。

評価の基準は、

「65歳以降の『年金＋300万円』につながる可能性の高さ（低さ）」

です。

もちろん、65歳以降に完全リタイアしても経済的に問題ないなら、やりがいや張り合いで評価してほしいところです。

それ以外の人は、まずこの基準で評価してみましょう。

「可能性が高い」「やや高い」という評価であれば、そのまま続けてください。

問題は「可能性が低い」「やや低い」場合です。

とくに「低い」場合は、その仕事をキープしながらさっさと再就職活動か起業、開業の道を模索し始めましょう。「さっさと」がポイントです。

具体的な方法は、ここまでに紹介してきた中から「ピン！」とくる方法に再びトライするのが、王道だと思います。

一回目の再就職に後悔している人を励ますために、誤解を恐れずあえて「しょせん」という言葉を使いますが、再雇用というのは、雇う側にとっても雇われる側にとっても「しょせんセカンドキャリア」「しょせん300〜400万円台の年収の話」「しょせん1年から5年の雇用期間の話」なのです。

同じような業務内容や待遇の話は他にもあるので、「さっさと」もっと希望に合う、あるいは抵抗感が少ない勤務先を探す方が、精神衛生上いいです。

さらにいうと、「しょせんセカンドキャリア」なので、**「転職は3回まで」といったルー**

ルも存在しません。

雇用機会を決めるのは、これまで述べてきたように「需要と供給のバランス」に尽きるのです。

◆「年金＋300万円」計画のトライアルに着手

同じ会社での再雇用を選んだとしても、多くの日本企業では60代でいったん定年になるので、その時点で退職金が支給されます。

そのお金で住宅ローンを完済する人も少なくありません。

晩婚化も進んでいますが、子供のいる家庭でも60代になると学費にメドが立ってくるため、60～64歳の間に必要なコストはグッと下がります。

それをいいことに、ここで縮小均衡の発想をしてしまい、

「どうせワクワクした未来なんて開けないし」

と、逃避的になって仲間と昼間からカラオケでもやって楽しく人生を送ろうとした諸先輩は、みな後悔しています。

「年金だけでは生活に精一杯どころか足りないし、しかも人生100年時代だから、先のことを考えるとカラオケのような交際費もそうそうは使えない」

と言うのです。

だからこそ、「年金＋３００万円計画」が意味を持つのです。

正直な話、３００万円ではなく「年金＋１２０万円計画」、つまり月10万円の収入＝お小遣いがあるだけで、ワクワクしてきませんか？

そのためにも60～64歳の間に「年金＋３００万円計画」のトライアルをしてほしいのです。


実はこの「トライアル」というのがミソで、「たった３００万円」です。「３００万円」に現実味がなければ「年間１２０万円」ではいかがでしょうか。月10万円です。「これならいけそうだ」という気持ちになりませんか？

年金の他に月10万円あれば、夫婦で外食、国内・海外旅行と結構楽しめるはずです。

それも難しければ、「月５万円」ではどうでしょう？


とにかく、まずは「できそうな金額」からスタートしましょう。

さらに、これはあくまでトライアルなので、月５万円が達成できたら月７・５万円、10万円と、営業目標のようにストレッチをかけてほしいと思います。

◆リスクはたかが知れている

さて、65歳以降の「年金＋３００万円」を前提に話を進めましょう。

繰り返しになりますが、重要なのは「できそうな金額」からスタートすることなので、「年金＋１２０万円」でも「年金＋60万円」でもかまいません。

「何をやるか」、「どのようにやるか」は、ここまで紹介してきたことを参考にし、強みやキャリア、好みを勘案して決定してください。

不安はあるでしょうし、失敗を恐れる心理はよく分かります。しかし、例によって「しょせんセカンドキャリア」ですので、大きな投資をしない限り大やけどになることはないでしょう。

50代までの仕事人生で酸いも甘いも経験していますし、最大で「年金＋３００万円」が目標ですので、身の丈に合った計画と実行になるはずです。何をやるにしてもマイクロビジネスですから、リスクは知れています。

そのビジネスや商売に投資する金額（予算）を、預貯金の20％なり１００万円、と決めてしまって、後は自分や伴侶が投入する時間を投資と考えるのもいいでしょう。

それでもリスクが心配なら、初期投資がほとんどかからないビジネスや商売を考えるといいでしょう。

現実的には、最初から順調に立ち上がることは滅多にないので、最初の2～3カ月、半年、1年でうまくいかなくても、簡単に諦めないでください。

◆うまくいかないときの対処法

さて、そのときの試行錯誤の方法をお話しします。

まず、ただ同じ方法、同じやり方で継続するのではなく、必ず何かを変えるか、微修正して「手応え」を評価することです。

「プラスの兆し」が感じられたら新しい方法を採用、感じられなければ別の方法を試すというやり方です。

目に見える実績が出る前に必ず「プラスの兆し」があります。立ち上げ時はそれを判断基準にするのがコツです。

変えるものには「相談相手」も含まれます。

自分一人で悩まずに、どんどん人に相談して事態を好転させましょう。サラリーマン時代に懇意にしていた会社のキーパーソンに相談しただけで事態が好転するのも、よくある話です。

大手総合商社の営業管理職だったR塚さんは、最初の立ち上げも2回目もうまくいきませんでした。

しかし「3度目の正直」で、サラリーマン時代にお世話になったオーナー社長に相談しました。それがきっかけとなって「年金＋300万円」を達成することができました。

「年収＋300円計画」は、小さく始めて、試行錯誤を繰り返しながら育てていきましょう。

◆起業の準備をする

50代の後半も激務が続いたり、時間や気持ちの余裕がなかったりで、起業の準備ができなかった人もいるでしょう。

そういった人にとって、60〜64歳は、起業の準備や実際に起業する絶好の機会になります。

「気力も体力も使い果たして定年を迎えるんだから、そんな余力もモチベーションも残ってないだろうな」

そんなふうに予想する人もいるかもしれません。

しかし、これは「デザートは別腹」みたいなものです。

諸先輩を見ていると、宮仕え、組織の中で働く気力、体力は擦り減ってしまったとしても、「自由に自分のやりたいことをできて、得た成果がすべて自分のものになると分かると、新たなモチベーションが湧いてきた」という人が多いのです。

心理学者なら「希望の法則」という言葉を使うでしょうが、人間はほんの少しでも明るい光、いい兆しが見えてくると、自然とやる気が出てくるようにできています。

体力については、40代になったときに30代の延長ではないという「40代の壁」を、50代になったときも40代の延長ではないと認めざるを得ない衰えを、すでに実感しているはずです。

私も、「60代前半でまた一段、体力の衰えの波がやってくる」と諸先輩から聞かされています。

しかし、50代で1日2万歩を歩き、60代でも1日1万歩を歩くことを日課にしていた元社長のFさんは、リタイアして75歳になった今でも、心身ともに同世代より10歳以上は若いです。体力の維持は難しいことではないはずです。

つまり**「気力、体力が残っていないから起業できない」というのは、50代である現時点での予想、あるいは取り越し苦労にすぎず、「ちょっとやってみたいことができれば気力なんてすぐに湧いてきたし、体力は自分でコントロールできるから、心配はない」と言う先輩方が多いのです。**

20代〜30代で人生を賭けた起業をするなら、体力は重要なファクターです。しかしそもそも「年金＋300万円」を目標にした起業ですので、業種を選べば体力はほとんど関係ないはずです。

さて、起業ですが、「一人起業」、「家族で起業」、「仲間と起業」といったパターンがあります。

定年後に「仲間と起業」というのは、うまくいっても失敗しても、共に人間関係まで失ってしまうことが多いので注意が必要です。

どうしても仲間と協業することが必要な場合は、それぞれが「一人起業」する中で一緒に組んで仕事をするのが賢いやり方です。

大手企業からの業務委託を狙う場合は、会社によっては「法人」であることが取引条件となるため、そのさいは法人化しておいたほうがいいでしょう。

起業の準備という意味では、法人でも個人事業主でも、テストマーケティングとして、**「準備室」と記した名刺**で先に事業活動、営業活動を開始してしまう手もあります。その過程で案件化した商談の数、受注確度を勘案して、「やっていけそうか」を判断するという方法です。

起業の評価をするのは市場であり顧客ですので、「やっていけそう」ならプラスの兆しがあるでしょうし、兆しがないなら「やり方」を少しずつ変えて再実行を繰り返すことになります。

いずれにしても、最初から一発でうまくいくのはレアケースです。「市場や顧客に合わせて小さな試行錯誤を繰り返すのが当たり前」というスタンスで対処していきましょう。

◆副業OKなら「小さく」始めてみる

再雇用の場合、あるいは再雇用でなくても「副業ＯＫ」の企業が増えつつあります。その場合は、利用しない手はありません。

個人事業でも起業でも、立ち上げ時は「お金の心配」がつきものです。その立ち上げ費用を預貯金などの「ストック」から賄うとすれば、預貯金は減る一方です。再雇用で収入は激減したとしても、「フロー」の収入があるだけで、心理的なプレッシャーがまったく違うのです。

副業ＯＫの企業であれば、再雇用期間の上限である65歳まで「二束のわらじ生活」を続け、再雇用期間が満了した時点から、副業を専業にするのはお薦めです。

再雇用の条件が「週５日勤務」でない場合は、曜日を分けて副業に勤しむのもいいでしょう。

副業のコツは、とにかく「小さく生んで、大きく育てる」スタンスです。とにかく小さく始めてみることです。

スモールスタートであれば、リスクも大きくはなりませんし、複数のことを始めておいて、うまくいきそうな事業に絞っていくこともできます。

一方、「副業禁止で週5日出社」というケースもあるでしょう。この場合は副業の内容にもよりますが、配偶者、子供や親など家族と協力して行う方法もあります。

たとえば、土日のみ家族で自宅レストランや「リビング蕎麦」を運営する場合、あるいは実家の農業の手伝いをする場合、これが自分の会社の、しかも再雇用の副業禁止に当たるのかを、就業規則だけでなく、人事部や所属部門の部長クラスの見解として把握しておきたいところです。

40代や50代で買った投資用マンションやアパートの経営は、投資なので就業規則のいう副業禁止には当たらないと思います。

では、「アパートなどの共用部分の掃除のついでに、近隣のマンションやアパートの共用部分の掃除を請け負う」は、副業になるか。確認しておきたいのはこういう点です。自社、自部門の判断をハッキリさせておきたいのです。

なぜかというと、60~64歳の間に副業を始めると、65歳以降の人生に「希望」が持てるようになるので、毎日に張り合いが出てくるからです。


40数年間、会社のため、家族のために会社人間として、「ワークライフバランス」とは無縁の「ワークオンリー」で馬車馬のごとく働いてきた世代が、定年後の生活に不安を抱き幸せを実感できないなどという理不尽は絶対に招いてはならないと、私は思っています。

セカンドキャリアだからこそ、本当の自分に戻れるのです。65歳からは自由に自分の人生を満喫させましょう。

おわりに

この本に関心を持ち、ここまで読み進めて頂いたことに、まずは深謝いたします。

同時に、この本をお読み頂いたあなたの「これからの人生を後悔する確率」は、かなり低いということも断言しておきたいと思います。

もちろん、先人たちが「禍福は糾《あざな》える縄の如し」と表現したように、人生にはいろいろなことが起こります。

今回のコロナ禍などは、その最たるものでしょう。廃業やリストラといった最悪の事態に直面している人もいるかもしれません。

私にとっても決して「他人事」ではありません。

正直「またか」と、リーマンショック後の悪夢の再来を覚悟しました。

当時、売上の半分以上を占めていた取引先が経営破綻しました。仕事が激減し、「これからどうしよう」という不安の中で書いたのが『40代を後悔しない50のリスト』（ダイヤモンド社）でした。

ところがこの本がシリーズで28万部の大ヒットとなり、中国、韓国、台湾でも売れました。奈落の底から天国への瞬間移動のようでした。まさに「禍福は糾える縄の如し」です。

私は人並み以上の努力なんてしていません。たまたま、たくさんの諸先輩から後悔しない方法を聞いていて、実践したに過ぎないのです。

この本は、その方法をあなたと共有するために書きました。

「ピン！」とくることから実践して頂き、あなたの50代、60代以降の人生が思い描いた通りになることを願ってやみません。

大塚 寿

本書は青春新書インテリジェンスのために書き下ろされたものです

青春新書
INTELLIGENCE

こころ涌き立つ「知」の冒険

いまを生きる

"青春新書"は昭和三一年に――若い日に常にあなたの心の友として、その糧となり実になる多様な知恵が、生きる指標として勇気と力になり、すぐに役立つ――をモットーに創刊された。

そして昭和三八年、新しい時代の気運の中で、新書"プレイブックス"にその役目のバトンを渡した。「人生を自由自在に活動《プレイ》する」のキャッチコピーのもと――すべてのうっ積を吹きとばし、自由闊達な活動力を培養し、勇気と自信を生み出す最も楽しいシリーズ――となった。

いまや、私たちはバブル経済崩壊後の混沌とした価値観のただ中にいる。その価値観は常に未曾有の変貌を見せ、社会は少子高齢化し、地球規模の環境問題等は解決の兆しを見せない。私たちはあらゆる不安と懐疑に対峙している。

本シリーズ"青春新書インテリジェンス"はまさに、この時代の欲求によってプレイブックスから分化・刊行された。それは即ち、「心の中に自らの青春の輝きを失わない旺盛な知力、活力への欲求」に他ならない。応えるべきキャッチコピーは「こころ涌き立つ"知"の冒険」である。

予測のつかない時代にあって、一人ひとりの足元を照らし出すシリーズでありたいと願う。青春出版社は本年創業五〇周年を迎えた。これはひとえに長年に亘る多くの読者の熱いご支持の賜物である。社員一同深く感謝し、より一層世の中に希望と勇気の明るい光を放つ書籍を出版すべく、鋭意志すものである。

平成一七年　　刊行者　小澤源太郎

著者紹介
大塚　寿〈おおつか ひさし〉
1962年群馬県生まれ。株式会社リクルートを経て、サンダーバード国際経営大学院でMBA取得。現在、オーダーメイド型企業研修を展開するエマメイコーポレーション代表取締役（https://emamay.com）。オンライン研修「営業サプリ」を運営する株式会社サプリCKO（https://www.sapuri.co.jp）。
高校・大学・就職いずれも第1志望に入れず悶々と過ごす。リクルート入社後、上司、先輩、社外の大手・中小企業経営者、管理職に片っ端からアドバイスを求め、挫折、失敗、後悔、さらに「後悔しない方法」を聞き実践した結果、人生が好転する。インタビューは今も継続中で、人数は1万人を超える。歴史上の成功者や偉人よりも身近な人の成功、失敗から学ぶ合理性を痛感している。著書にシリーズ28万部のベストセラー『40代を後悔しない50のリスト』（ダイヤモンド社）など20数冊がある。

50代《だい》　後悔《こうかい》しない働《はたら》き方《かた》　青春新書 INTELLIGENCE

2020年7月15日　第1刷
2020年8月20日　第2刷

著者　大《おお》塚《つか》　寿《ひさし》

発行者　小澤源太郎

責任編集　株式会社プライム涌光
電話　編集部　03(3203)2850

発行所　東京都新宿区若松町12番1号 〒162-0056　株式会社青春出版社
電話　営業部　03(3207)1916　振替番号　00190-7-98602

印刷・中央精版印刷　製本・ナショナル製本

ISBN978-4-413-04596-4